Okusna Azijska Kuhinja 2023

Odkrijte najboljše okuse Azije s tem kuharskim priročnikom

Martin Hribar

Kazalo

sladki in kisli krapi

Za 4 porcije

1 večji krap ali podobna riba

300 g/11 oz/¬œ skodelice koruznega zdroba (koruznega škroba)

250 ml / 8 fl oz / 1 skodelica rastlinskega olja

30 ml / 2 žlici sojine omake

5 ml/1 žlička soli

150 g / 5 oz / ¬Ω skodelice sladkorja v prahu

75 ml / 5 žlic vinskega kisa

15 ml / 1 žlica riževega vina ali suhega šerija

3 mlade čebule (glava čebula), drobno sesekljane

1 rezina ingverjeve korenine, drobno sesekljane

250 ml / 8 fl oz / 1 skodelica vrele vode

Ribe očistimo in odstranimo luske ter jih za nekaj ur namočimo v hladni vodi. Odcedite in posušite, nato pa vsako stran večkrat zarežite. Prihranite 30 ml/2 žlici koruzne moke in postopoma vmešajte toliko vode v preostalo koruzno moko, da dobite trdo testo. Pokrijte ribe v testu. Olje segrejemo do močnega segretja in ribe na zunanji strani hrustljavo ocvremo, nato zmanjšamo ogenj in nadaljujemo s cvrenjem, dokler se ribe ne zmehčajo.

Medtem zmešamo preostalo koruzno moko, sojino omako, sol, sladkor, vinski kis,

vino ali šeri, drobnjak in ingver. Ko je riba pečena, jo prestavimo na vroč servirni krožnik. Olju dodajte mešanico omake in vodo ter zavrite in mešajte, dokler se omaka ne zgosti. Prelijemo čez ribe in takoj postrežemo.

Krap s tofujem

Za 4 porcije

1 krap

60 ml / 4 žlice arašidovega olja (arašidov)

225 g / 8 oz tofuja, narezanega na kocke

2 mladi čebuli (glava čebula), drobno sesekljani

1 strok česna, drobno sesekljan

2 rezini ingverjeve korenine, drobno sesekljane

15 ml / 1 žlica čilijeve omake

30 ml / 2 žlici sojine omake

500 ml / 16 fl oz / 2 skodelici juhe

30 ml / 2 žlici riževega vina ali suhega šerija

15 ml / 1 žlica koruzne moke (koruznega škroba)

30 ml / 2 žlici vode

Ribe obrežite, luščite in očistite ter diagonalno na vsaki strani označite 3 črte. Segrejte olje in na njem rahlo prepražite tofu do zlato rjave barve. Odstranite iz ponve in dobro odcedite. V ponev dodamo ribe in pražimo do zlato rjave barve, nato jih odstranimo iz ponve. Prilijemo vse razen 15 ml / 1 žlico olja, nato pražimo mlado čebulo, česen in ingver 30 sekund. Dodajte čili omako, sojino omako, juho in vino ter zavrite. Ribe previdno dodamo v ponev z

tofu in kuhajte nepokrito približno 10 minut, dokler se riba ne skuha in omaka ne zredči. Ribo prestavimo na segret krožnik in nanjo položimo tofu. Koruzni zdrob in vodo stepamo, dokler ne nastane pasta, vmešamo v omako in med mešanjem kuhamo, da se omaka rahlo zgosti. Prelijemo čez ribe in takoj postrežemo.

mandljevi zvitki

Za 4 porcije

100 g / 4 oz / 1 skodelica mandljev

450 g/1 lb filejev trske

4 rezine prekajene šunke

1 šalotka (popečasta čebula), sesekljana

1 rezina ingverjeve korenine, mleto

5 ml / 1 žlička koruzne moke (koruznega škroba)

5 ml/1 žlička sladkorja

2,5 ml/¬Ω čajna žlička soli

15 ml / 1 žlica sojine omake

15 ml / 1 žlica riževega vina ali suhega šerija

1 jajce, rahlo stepeno

olje za cvrtje

1 limona, narezana na kolesca

Mandlje blanširajte v vreli vodi 5 minut, odcedite in sesekljajte. Ribo narežite na 9 cm/3¬Ω kvadratke, šunko pa na 5 cm/2 kvadratke. Zmešajte drobnjak, ingver, koruzni zdrob, sladkor, sol, sojino omako, vino ali šeri in jajce. V mešanico pomočite ribe in jih položite na delovno površino. Po vrhu obložimo z mandlji in položimo rezino pršuta. Ribo zavijte in zavežite s kuhanjem, Segrejte olje in pražite ribje zvitke nekaj minut do zlato rjave barve. Odcedite na kuhinjskem papirju in postrezite z limono.

Trska z bambusovimi poganjki

Za 4 porcije

4 kitajske suhe gobe

900 g / 2 lb filejev polenovke, narezanih na kocke

30 ml / 2 žlici koruzne moke (koruzni škrob)

olje za cvrtje

30 ml / 2 žlici arašidovega olja (arašidov)

1 šalotka (česmota), narezana

1 rezina ingverjeve korenine, mleto

sol

100 g / 4 oz bambusovih poganjkov, narezanih

120 ml/4 fl oz/¬Ω skodelice ribje juhe

15 ml / 1 žlica sojine omake

45 ml / 3 žlice vode

Gobe za 30 minut namočimo v topli vodi in odcedimo. Zavrzite peclje in odrežite vrhove. Ribe potresemo s polovico koruzna moka. Olje segrejemo in ribe zlato rjavo popečemo. Odcedimo na kuhinjskem papirju in pustimo na toplem.

Medtem segrejemo olje in na njem rahlo zlato prepražimo šalotko, ingver in sol. Dodamo bambusove poganjke in pražimo 3 minute. Dodamo juho in sojino omako, zavremo in kuhamo 3 minute. Preostalo koruzno moko z vodo stepemo v pasto, stresemo v ponev in med mešanjem kuhamo, dokler se omaka ne zgosti. Prelijemo čez ribe in takoj postrežemo.

Ribe s fižolovimi kalčki

Za 4 porcije

450 g / 1 lb fižolovih kalčkov

45 ml / 3 žlice arašidovega olja (arašidov)

5 ml/1 žlička soli

3 rezine ingverjeve korenine, sesekljane

450 g/1 lb ribjega fileja, narezanega

4 mlade čebule (glava čebula), narezane na rezine

15 ml / 1 žlica sojine omake

60 ml / 4 žlice ribje osnove

10 ml / 2 žlički koruzne moke (koruznega škroba)

15 ml / 1 žlica vode

Fižolove kalčke blanširajte v vreli vodi 4 minute in dobro odcedite. Segrejte polovico olja in pražite sol in ingver 1 minuto. Dodamo ribo in jo pražimo, da rahlo porjavi, nato jo odstranimo iz ponve. Segrejte preostalo olje in pražite šalotko 1 minuto. Dodamo sojino omako in juho ter zavremo. Ribo vrnite v ponev, pokrijte in kuhajte 2 minuti, dokler ni riba pečena. Koruzni zdrob in vodo stepajte skupaj, dokler ne nastane pasta, stresite v ponev in med mešanjem kuhajte, dokler omaka ni bistra in zgoščena.

Ribji fileji v rjavi omaki

Za 4 porcije

450 g/1 lb filejev polenovke, debelo narezanih

30 ml / 2 žlici riževega vina ali suhega šerija

30 ml / 2 žlici sojine omake

3 mlade čebule (glava čebula), drobno sesekljane

1 rezina ingverjeve korenine, drobno sesekljane

5 ml/1 žlička soli

5 ml/1 žlička sezamovega olja

30 ml / 2 žlici koruzne moke (koruzni škrob)

3 stepena jajca

90 ml / 6 žlic arašidovega olja

90 ml / 6 žlic ribje osnove

Ribje fileje položite v skledo. Vino ali šeri, sojino omako, drobnjak, ingver, sol in sezamovo olje stepemo, prelijemo ribe, pokrijemo in mariniramo 30 minut. Ribo vzamemo iz marinade, povaljamo v koruzni zdrob in pomočimo v stepeno jajce. Segrejte olje in ribe na zunanji strani zlato rjavo popecite. Prilijemo olje in vmešamo juho ter preostalo marinado. Zavremo in na majhnem ognju kuhamo približno 5 minut, dokler se riba ne skuha.

kitajski ribji cmoki

Za 4 porcije

450 g / 1 lb sesekljane trske (mlete)

2 mladi čebuli (glava čebula), drobno sesekljani

1 strok česna, zdrobljen

5 ml/1 žlička soli

5 ml/1 žlička sladkorja

5 ml/1 žlička sojine omake

45 ml / 3 žlice rastlinskega olja

15 ml / 1 žlica koruzne moke (koruznega škroba)

Zmešajte polenovko, mlado čebulo, česen, sol, sladkor, sojino omako in 10 ml/2 c. čaj iz oljčnega olja. Dobro pregnetite in občasno potresite z malo koruzne moke, dokler zmes ni gladka in elastična. Oblikujte 4 ribje kroglice. Segrejte olje in pecite ribje kolačke približno 10 minut do zlato rjave barve in jih med pečenjem pritiskajte. Postrežemo toplo ali hladno.

hrustljavo ocvrte ribe

Za 4 porcije

450 g / 1 lb ribjih filejev, narezanih na trakove

30 ml / 2 žlici riževega vina ali suhega šerija

sol in sveže mlet poper

45 ml / 3 žlice koruzne moke (koruzni škrob)

1 beljak, rahlo stepen

olje za cvrtje

Ribe prelijemo z vinom ali šerijem ter začinimo s soljo in poprom. Rahlo potresemo s koruznim zdrobom. Preostalo koruzno moko stepemo v beljak, da postane čvrst, nato pa v testo pomočimo ribe. Segrejte olje in pecite ribje trakove nekaj minut do zlato rjave barve.

ocvrta trska

Za 4 porcije

900 g / 2 lb filejev polenovke, narezanih na kocke

sol in sveže mlet poper

2 jajci, pretepeni

100 g / 4 oz / 1 skodelica navadne moke (univerzalna)

olje za cvrtje

1 limona, narezana na kolesca

Trsko začinimo s soljo in poprom. Jajca in moko stepamo, dokler ne dobimo testa, ki ga začinimo s soljo. Ribe potopite v testo. Segrejte olje in na njem nekaj minut pražite ribe, dokler niso zlato rjave in pečene. Odcedite na kuhinjskem papirju in postrezite z rezinami limone.

Pet začimb za ribe

Za 4 porcije

4 fileji trske

5 ml/1 čajna žlička petih začimb v prahu

5 ml/1 žlička soli

30 ml / 2 žlici arašidovega olja (arašidov)

2 stroka česna, zdrobljena

2,5 ml/1 v ingverjevi korenini, mleti

30 ml / 2 žlici riževega vina ali suhega šerija

15 ml / 1 žlica sojine omake

nekaj kapljic sezamovega olja

Ribe natrite s petimi začimbami v prahu in soljo. Segrejte olje in ribe na obeh straneh rahlo popecite. Odstranite iz ponve in dodajte ostale sestavine. Segrejte, mešajte, nato ribo vrnite v ponev in jo pred serviranjem rahlo segrejte.

dišeče ribje palčke

Za 4 porcije

30 ml / 2 žlici riževega vina ali suhega šerija

1 šalotka (popečasta čebula), drobno sesekljana

2 jajci, pretepeni

10 ml/2 žlički karija v prahu

5 ml/1 žlička soli

450 g/1 lb fileja bele ribe, narezanega na trakove

100 g / 4 oz drobtin

olje za cvrtje

Vmešajte vino ali sherry, drobnjak, jajca, curry in sol. Ribe potopite v mešanico, da so kosi enakomerno obloženi, in jih vtisnite v drobtine. Segrejte olje in ribo pražite nekaj minut, da postane hrustljava in zlata. Dobro odcedimo in takoj postrežemo.

ribe s kumarami

Za 4 porcije

4 fileji bele ribe

75 g / 3 oz majhnih kumaric

2 mladi čebuli (glava čebula)

2 rezini ingverjeve korenine

30 ml / 2 žlici vode

5 ml / 1 žlička arašidovega olja (arašidov)

2,5 ml/¬Ω čajna žlička soli

2,5 ml/¬Ω žlička riževega vina ali suhega šerija

Ribe položite v posodo, ki je odporna na vročino, in jih potresite s preostalimi sestavinami. Postavite na rešetko v soparnik, pokrijte in kuhajte približno 15 minut v vreli vodi, dokler se riba ne zmehča. Prestavite na segret servirni krožnik, zavrzite ingver in mlado čebulo ter postrezite.

Bakalar z ingverjem

Za 4 porcije

225 g / 8 oz paradižnikove mezge (pasta)

30 ml / 2 žlici riževega vina ali suhega šerija

15 ml / 1 žlica naribane korenine ingverja

15 ml / 1 žlica čilijeve omake

15 ml / 1 žlica vode

15 ml / 1 žlica sojine omake

10 ml / 2 žlički sladkorja

3 stroki česna, strti

100 g / 4 oz / 1 skodelica navadne moke (univerzalna)

75 ml / 5 žlic koruzne moke (koruznega škroba)

175 ml / 6 fl oz / ¬œ skodelice vode

1 beljak

2,5 ml/¬Ω čajna žlička soli

olje za cvrtje

450 g/1 lb filejev trske, brez kože in narezanih na kocke

Za pripravo omake zmešajte paradižnikovo mezgo, vino ali šeri, ingver, pekočo omako, vodo, sojino omako, sladkor in česen. Zavremo, nato pa med mešanjem kuhamo 4 minute.

Moko, koruzni zdrob, vodo, beljak in sol stepemo do gladkega. Segrejte olje. Kose rib pomakamo v testo in pražimo približno 5 minut, dokler niso kuhani in zlato rjavi. Odcedimo na kuhinjskem papirju. Odcedite vse olje in vrnite ribo z omako v ponev. Nežno segrevajte približno 3 minute, dokler ni riba popolnoma prekrita z omako.

Polenovka z mandarinino omako

Za 4 porcije

675 g/1¬Ω lb filejev trske, narezanih na trakove

30 ml / 2 žlici koruzne moke (koruzni škrob)

60 ml / 4 žlice arašidovega olja (arašidov)

1 šalotka (popečasta čebula), sesekljana

2 stroka česna, zdrobljena

1 rezina ingverjeve korenine, mleto

100 g/4 oz narezanih gob

50 g / 2 oz bambusovih poganjkov, narezanih na trakove

120 ml/4 fl oz/¬Ω skodelice sojine omake

30 ml / 2 žlici riževega vina ali suhega šerija

15 ml / 1 žlica rjavega sladkorja

5 ml/1 žlička soli

250 ml / 8 fl oz / 1 skodelica piščančje juhe

Ribe potopite v koruzno moko, dokler niso rahlo prevlečene. Segrejte olje in ribe na obeh straneh zlato rjavo popecite. Odstranite ga iz ponve. Dodajte šalotko, česen in ingver ter pražite, dokler rahlo ne porjavi. Dodajte gobe in bambusove poganjke ter pražite 2 minuti. Dodajte preostale sestavine in zavrite zavremo, mešamo. Ribo vrnite v ponev, pokrijte in kuhajte 20 minut.

ribe z ananasom

Za 4 porcije

450 g/1 lb ribjega fileja

2 mladi čebuli (glava čebula), sesekljani

30 ml / 2 žlici sojine omake

15 ml / 1 žlica riževega vina ali suhega šerija

2,5 ml/¬Ω čajna žlička soli

2 rahlo stepena jajca

15 ml / 1 žlica koruzne moke (koruznega škroba)

45 ml / 3 žlice arašidovega olja (arašidov)

225 g/8 oz konzerviranih koščkov ananasa v soku

Ribe narežite na 1/1-palčne trakove proti zrnu in jih položite v skledo. Dodajte mlado čebulo, sojino omako, vino ali šeri in sol, dobro premešajte in pustite stati 30 minut. Ribe odcedimo, zavržemo marinado. Jajca in koruzni zdrob stepajte skupaj, dokler ne dobite testa, nato pa ribo potopite v testo, da se premaže, odvečno količino pa odcedite. Segrejte olje in ribe na obeh straneh rahlo popecite. Zmanjšajte toploto in nadaljujte s kuhanjem, dokler se ne zmehča. Medtem zmešajte 60 ml/4 žlice ananasovega soka s preostalim testom in koščki ananasa.

Postavimo v ponev na majhen ogenj in ob stalnem mešanju kuhamo, dokler se ne segreje. organizirati

kuhano ribo na segret krožnik in prelijemo z omako za serviranje.

Ribji zvitki s svinjino

Za 4 porcije

450 g/1 lb ribjega fileja

100 g/4 oz kuhane svinjine, mlete (mlete)

30 ml / 2 žlici riževega vina ali suhega šerija

15 ml / 1 žlica sladkorja

olje za cvrtje

120 ml/4 fl oz/¬Ω skodelice ribje juhe

3 mlade čebule (glava čebula), sesekljane

1 rezina ingverjeve korenine, mleto

15 ml / 1 žlica sojine omake

15 ml / 1 žlica koruzne moke (koruznega škroba)

45 ml / 3 žlice vode

Ribo narežite na 9 cm/3¬Ω kvadrate. Svinjino zmešajte z vinom ali šerijem in polovico sladkorja, porazdelite po ribjih kvadratih, zvijte in pritrdite z vrvico. Olje segrejemo in ribe zlato rjavo popečemo. Odcedimo na kuhinjskem papirju. Medtem segrejte juho in dodajte mlado čebulo, ingver, sojino omako in preostali sladkor. Zavremo in kuhamo 4 minute. Zmešajte koruzno moko in vodo, dokler ne nastane pasta, premešajte v ponvi in zavrite, mešajte, dokler se omaka ne zbistri in zgosti. Prelijemo čez ribe in takoj postrežemo.

Ribe iz riževega vina

Za 4 porcije

400 ml / 14 fl oz / 1¬œ skodelice riževega vina ali suhega šerija

120 ml/4 fl oz/¬Ω skodelice vode

30 ml / 2 žlici sojine omake

5 ml/1 žlička sladkorja

sol in sveže mlet poper

10 ml / 2 žlički koruzne moke (koruznega škroba)

15 ml / 1 žlica vode

450 g/1 lb filejev trske

5 ml/1 žlička sezamovega olja

2 mladi čebuli (glava čebula), sesekljani

Vino, vodo, sojino omako, sladkor, sol in poper zavrite in kuhajte, dokler se ne zmanjša na polovico. Koruzno moko zmešajte v pasto z vodo, stresite v ponev in med mešanjem kuhajte 2 minuti. Ribe posolite in pokapajte s sezamovim oljem. Dodajte v ponev in zelo počasi kuhajte približno 8 minut, dokler ni kuhano. Postrežemo potreseno z drobnjakom.

hitro ocvrte ribe

Za 4 porcije

450 g/1 lb filejev trske, narezanih na trakove

sol

sojina omaka

olje za cvrtje

Ribe potresemo s soljo in sojino omako ter pustimo stati 10 minut. Segrejte olje in ribe pražite nekaj minut, da rahlo porjavijo. Odcedimo na kuhinjskem papirju in pred serviranjem izdatno pokapljamo s sojino omako.

ribe s sezamovimi semeni

Za 4 porcije

450 g / 1 lb ribjih filejev, narezanih na trakove

1 sesekljano čebulo

2 rezini ingverjeve korenine, sesekljane

120 ml/4 fl oz/¬Ω skodelice riževega vina ali suhega šerija

10 ml / 2 žlički rjavega sladkorja

2,5 ml/¬Ω čajna žlička soli

1 jajce, rahlo stepeno

15 ml / 1 žlica koruzne moke (koruznega škroba)

45 ml / 3 žlice navadne moke (univerzalne)

60 ml/6 žlic sezamovih semen

olje za cvrtje

Ribe položite v skledo. Zmešajte čebulo, ingver, vino ali šeri, sladkor in sol, dodajte ribam in marinirajte 30 minut, občasno obrnite. Jajce, koruzni zdrob in moko stepemo v testo. Ribe pomočite v testo in vtisnite sezamova semena. Segrejte olje in pecite ribje trakove približno 1 minuto, da postanejo zlati in hrustljavi.

parjene ribje kroglice

Za 4 porcije

450 g / 1 lb sesekljane trske (mlete)

1 jajce, rahlo stepeno

1 rezina ingverjeve korenine, mleto

2,5 ml/¬Ω čajna žlička soli

ščepec sveže mletega popra

15 ml/1 žlica koruzne moke (koruznega škroba) 15 ml/1 žlica riževega vina ali suhega šerija

Vse sestavine dobro premešamo in oblikujemo kroglice v velikosti oreha. Po potrebi potresemo z malo moke. Razporedimo v plitek ognjevzdržni pekač.

Posodo postavite na rešetko v sopari, pokrijte in kuhajte v vreli vodi približno 10 minut, dokler ni kuhana.

marinirane sladke in kisle ribe

Za 4 porcije

450 g / 1 lb ribjih filejev, narezanih na kose

1 sesekljano čebulo

3 rezine ingverjeve korenine, sesekljane

5 ml/1 žlička sojine omake

sol in sveže mlet poper

30 ml / 2 žlici koruzne moke (koruzni škrob)

olje za cvrtje

sladko-kisla omaka

Ribe položite v skledo. Dodajte čebulo, ingver, sojino omako, sol in poper, dodajte ribam, pokrijte in pustite stati 1 uro, občasno obrnite. Ribe vzamemo iz marinade in potresemo s koruznim zdrobom. Segrejte olje in na njem ribo hrustljavo in zlato ocvrite. Odcedite na kuhinjskem papirju in položite na topel servirni krožnik. Medtem pripravimo omako in prelijemo ribe za serviranje.

Ribe s kisovo omako

Za 4 porcije

450 g / 1 lb ribjih filejev, narezanih na trakove

sol in sveže mlet poper

1 beljak, rahlo stepen

45 ml / 3 žlice koruzne moke (koruzni škrob)

15 ml / 1 žlica riževega vina ali suhega šerija

olje za cvrtje

250 ml / 8 fl oz / 1 skodelica ribje osnove

15 ml / 1 žlica rjavega sladkorja

15 ml / 1 žlica vinskega kisa

2 rezini ingverjeve korenine, sesekljane

2 mladi čebuli (glava čebula), sesekljani

Ribe začinite z malo soli in popra. Stepite beljak s 30 ml/2 žlički koruzne moke in vinom ali šerijem. Ribe stresite v testo, dokler niso prekrite. Segrejte olje in ribe nekaj minut pražite do zlato rjave barve. Odcedimo na kuhinjskem papirju.

Medtem zavremo juho, sladkor in vinski kis. Dodamo ingver in mlado čebulo ter kuhamo 3 minute. Preostalo koruzno moko zmešamo v pasto z malo vode, premešamo v poncv in med mešanjem kuhajte, dokler omaka ne posvetli in se zgosti. Za serviranje prelijemo ribe.

ocvrta jegulja

Za 4 porcije

450 g/1 funt jegulje

250 ml / 8 fl oz / 1 skodelica arašidovega olja (arašidov)

30 ml / 2 žlici temne sojine omake

30 ml / 2 žlici riževega vina ali suhega šerija

15 ml / 1 žlica rjavega sladkorja

ščepec sezamovega olja

Olupite jeguljo in jo narežite na koščke. Olje segrejemo in jeguljo zlato rjavo popečemo. Odstranite iz ponve in odcedite. Prilijemo vse razen 30 ml/2 žlici olja. Ponovno segrejte olje in dodajte sojino omako, vino ali sherry in sladkor. Segrejemo in dodamo jeguljo ter pražimo toliko časa, da je jegulja dobro obložena in da večina tekočine izhlapi. Potresemo s sezamovim oljem in postrežemo.

Suho kuhana jegulja

Za 4 porcije

5 kitajskih suhih gob

3 mlade čebule (glava čebula)

30 ml / 2 žlici arašidovega olja (arašidov)

20 strokov česna

6 rezin ingverjeve korenine

10 vodnih kostanjev

900 g jegulj

30 ml / 2 žlici sojine omake

15 ml / 1 žlica rjavega sladkorja

15 ml / 1 žlica riževega vina ali suhega šerija

450 ml/¬æ en/2 skodelici vode

15 ml / 1 žlica koruzne moke (koruznega škroba)

45 ml / 3 žlice vode

5 ml/1 žlička sezamovega olja

Gobe za 30 minut namočimo v topli vodi, odcedimo in zavržemo peclje. 1 drobnjak narežemo na koščke, drugega pa sesekljamo. Olje segrejemo in na njem 30 sekund pražimo gobe, drobnjak, česen, ingver in kostanj. Dodamo jegulje in pražimo 1 minuto. Dodajte sojino omako, sladkor, vino oz sherry in vodo, zavremo, pokrijemo in dušimo 1¬Ω ure, med kuhanjem po potrebi dolijemo malo vode. Zmešajte koruzni zdrob in vodo, dokler ne nastane pasta, vmešajte v ponev in med mešanjem kuhajte, dokler se omaka ne zgosti. Postrežemo poškropljeno s sezamovim oljem in sesekljanim drobnjakom.

jegulja z zeleno

Za 4 porcije

350 g / 12 unč jegulje

6 stebel zelene

30 ml / 2 žlici arašidovega olja (arašidov)

2 mladi čebuli (glava čebula), sesekljani

1 rezina ingverjeve korenine, mleto

30 ml / 2 žlici vode

5 ml/1 žlička sladkorja

5 ml/1 čajna žlička riževega vina ali suhega šerija

5 ml/1 žlička sojine omake

sveže mlet poper

30 ml / 2 žlici sesekljanega svežega peteršilja

Jeguljo olupimo in narežemo na trakove. Zeleno narežemo na trakove. Segrejte olje in na njem 30 sekund pražite čebulice in ingver. Dodamo jeguljo in jo pražimo 30 sekund. Dodamo zeleno in pražimo 30 sekund. Dodajte polovico vode, sladkor, vino ali šeri, sojino omako in poper. Zavremo in kuhamo nekaj minut, dokler zelena ni mehka, a še vedno hrustljava in se tekočina zmanjša. Postrežemo posuto s peteršiljem.

Paprike polnjene z vahnjo

Za 4 porcije

225 g filejev vahnje, sesekljane (zmlete)

100 g / 4 oz olupljenih kozic, sesekljanih (mletih)

1 šalotka (popečasta čebula), sesekljana

2,5 ml/¬Ω čajna žlička soli

poper

4 zelene paprike

45 ml / 3 žlice arašidovega olja (arašidov)

120 ml/4 fl oz/¬Ω skodelice piščančje juhe

10 ml / 2 žlički koruzne moke (koruznega škroba)

5 ml/1 žlička sojine omake

Primešamo vahnjo, kozice, drobnjak, sol in poper. Papriki odrežemo pecelj in odstranimo sredico. Paprike nadevajte z mešanico morskih sadežev. Segrejte olje in dodajte papriko ter juho. Zavremo, pokrijemo in kuhamo 15 minut. Papriko prestavimo na segret servirni krožnik. Zmešajte koruzni zdrob, sojino omako in malo vode ter premešajte v ponvi. Zavremo in med mešanjem kuhamo toliko časa, da se omaka zbistri in zgosti.

Vahnja z omako iz črnega fižola

Za 4 porcije

15 ml / 1 žlica arašidovega olja

2 stroka česna, zdrobljena

1 rezina ingverjeve korenine, mleto

15 ml / 1 žlica omake iz črnega fižola

2 čebuli, narezani na kolesca

1 steblo zelene, narezano

450 g/1 lb fileja vahnje

15 ml / 1 žlica sojine omake

15 ml / 1 žlica riževega vina ali suhega šerija

250 ml / 8 fl oz / 1 skodelica piščančje juhe

Segrejte olje in na njem prepražite omako iz česna, ingverja in črnega fižola, da svetlo porjavi. Dodamo čebulo in zeleno ter pražimo 2 minuti. Dodamo vahnjo in pražimo približno 4 minute na vsaki strani oziroma dokler riba ni pečena. Dodajte sojino omako, vino ali šeri in piščančjo osnovo, zavrite, pokrijte in kuhajte 3 minute.

Ribe v rjavi omaki

Za 4 porcije

4 vahnje ali podobne ribe

45 ml / 3 žlice arašidovega olja (arašidov)

2 mladi čebuli (glava čebula), sesekljani

2 rezini ingverjeve korenine, sesekljane

5 ml/1 žlička sojine omake

2,5 ml/¬Ω žličke vinskega kisa

2,5 ml/¬Ω žlička riževega vina ali suhega šerija

2,5 ml/¬Ω čajna žlička sladkorja

sveže mlet poper

2,5 ml/¬Ω žličke sezamovega olja

Ribe olupimo in narežemo na velike kose. Segrejte olje in na njem 30 sekund pražite čebulice in ingver. Dodamo ribe in pražimo na obeh straneh, da rahlo porjavijo. Dodajte sojino omako, vinski kis, vino ali šeri, sladkor in poper ter kuhajte 5 minut, dokler se omaka ne zgosti. Postrežemo poškropljeno s sezamovim oljem.

Pet začimb za ribe

Za 4 porcije

450 g/1 lb fileja vahnje

5 ml/1 čajna žlička petih začimb v prahu

5 ml/1 žlička soli

30 ml / 2 žlici arašidovega olja (arašidov)

2 stroka česna, zdrobljena

2 rezini ingverjeve korenine, sesekljane

30 ml / 2 žlici riževega vina ali suhega šerija

15 ml / 1 žlica sojine omake

10 ml/2 žlički sezamovega olja

Fileje vahnje natrite s petimi začimbami v prahu in soljo. Segrejte olje in ribo na obeh straneh rahlo popecite, nato pa jo vzemite iz ponve. Dodajte česen, ingver, vino ali šeri, sojino omako in sezamovo olje ter med mešanjem pražite 1 minuto. Ribo vrnemo v ponev in počasi kuhamo, dokler se riba ne zmehča.

vahnja s česnom

Za 4 porcije

450 g/1 lb fileja vahnje

5 ml/1 žlička soli

30 ml / 2 žlici koruzne moke (koruzni škrob)

60 ml / 4 žlice arašidovega olja (arašidov)

6 strokov česna

2 rezini zdrobljene korenine ingverja

45 ml / 3 žlice vode

30 ml / 2 žlici sojine omake

15 ml / 1 žlica omake iz rumenega fižola

15 ml / 1 žlica riževega vina ali suhega šerija

15 ml / 1 žlica rjavega sladkorja

Vahnjo potresemo s soljo in potresemo s koruznim zdrobom. Segrejemo olje in na njem z obeh strani zlato rjavo popečemo ribe in jih vzamemo iz ponve. Dodamo česen in ingver ter med mešanjem pražimo 1 minuto. Dodamo ostale sestavine, zavremo, pokrijemo in kuhamo 5 minut. Ribo vrnite v ponev, pokrijte in kuhajte, dokler ni mehka.

začinjene ribe

Za 4 porcije

450 g/1 lb filejev vahnje, narezanih na kocke

1 limonin sok

30 ml / 2 žlici sojine omake

30 ml / 2 žlici ostrigine omake

15 ml / 1 žlica naribane limonine lupinice

ščepec mletega ingverja

sol in poper

2 beljaka

45 ml / 3 žlice koruzne moke (koruzni škrob)

6 kitajskih suhih gob

olje za cvrtje

5 mladih čebulic (glave čebule), narezanih na trakove

1 steblo zelene, narezano na trakove

100 g / 4 oz bambusovih poganjkov, narezanih na trakove

250 ml / 8 fl oz / 1 skodelica piščančje juhe

5 ml/1 čajna žlička petih začimb v prahu

Ribe položite v skledo in jih pokapajte z limoninim sokom. Zmešajte sojino omako, ostrigino omako, limonino lupinico, ingver, sol, poper, jajčni beljak in vse razen 5 ml/1 čajne žličke koruzne moke. Da grem ven

marinirajte 2 uri, občasno premešajte. Gobe za 30 minut namočimo v topli vodi in odcedimo. Zavrzite peclje in odrežite vrhove. Segrejte olje in ribe nekaj minut pražite do zlato rjave barve. Odstranite iz pekača. Dodamo zelenjavo in pražimo, dokler ni mehka, a še vedno hrustljava. Nalijte olje. Piščančjo juho zmešamo s preostalim koruznim zdrobom, dodamo k zelenjavi in zavremo. Ribo vrnite v ponev, začinite s petimi začimbami v prahu in pred serviranjem segrejte.

Ingverjeva vahnja s Pak Soi

Za 4 porcije

450 g/1 lb fileja vahnje

sol in poper

225 g / 8 oz pakiranja soi

30 ml / 2 žlici arašidovega olja (arašidov)

1 rezina ingverjeve korenine, mleto

1 sesekljano čebulo

2 posušeni rdeči papriki

5 ml/1 žlička medu

10 ml / 2 žlički paradižnikovega kečapa (catsup)

10 ml/2 žlički sladnega kisa

30 ml / 2 žlici suhega belega vina

10 ml/2 žlički sojine omake

10 ml / 2 žlički ribje omake

10 ml/2 žlički ostrigine omake

5 ml/1 žlička paste iz kozic

Vahnji olupite kožo in jo narežite na 2 cm/ ¬æ kose. Potresemo s soljo in poprom. Ohrovt narežemo na majhne koščke. Segrejte olje in pražite ingver in čebulo 1 minuto. Dodamo zelje in papriko ter med mešanjem pražimo 30 sekund. Dodajte med, paradižnik

kečap, kis in vino. Dodamo vahnjo in kuhamo 2 minuti. Vmešajte sojino, ribjo in ostrigino omako ter pasto iz kozic in rahlo dušite, dokler se vahnja ne skuha.

Vahnje pletenice

Za 4 porcije

450 g/1 lb vahnjega fileja brez kože

sol

5 ml/1 čajna žlička petih začimb v prahu

sok 2 limon

5 ml/1 žlička zmletega janeža

5 ml/1 žlička sveže mletega popra

30 ml / 2 žlici sojine omake

30 ml / 2 žlici ostrigine omake

15 ml/1 žlica medu

60 ml / 4 žlice sesekljanega drobnjaka

8–10 listov špinače

45 ml/3 žlice vinskega kisa

Ribo narežemo na dolge tanke trakove in oblikujemo v kitke, potresemo s soljo, petimi začimbami v prahu in limoninim sokom ter preložimo v skledo. Zmešamo janež, poper, sojino omako, omako iz ostrig, med in drobnjak, prelijemo ribe in mariniramo vsaj 30 minut. Košaro soparnika obložimo s špinačnimi listi, nanje položimo pletenice, pokrijemo in kuhamo v vreli vodi s kisom približno 25 minut.

Ribja rolada na pari

Za 4 porcije

450 g/1 lb filejev vahnje, brez kože in narezanih na kocke

1 limonin sok

30 ml / 2 žlici sojine omake

30 ml / 2 žlici ostrigine omake

30 ml / 2 žlici slivove omake

5 ml/1 čajna žlička riževega vina ali suhega šerija

sol in poper

6 kitajskih suhih gob

100 g / 4 oz fižolovih kalčkov

100 g / 4 oz zelenega graha

50 g/2 oz/¬Ω skodelice orehov, sesekljanih

1 jajce, pretepeno

30 ml / 2 žlici koruzne moke (koruzni škrob)

225 g / 8 oz kitajskega zelja, blanširanega

Ribe položite v skledo. Vmešajte limonin sok, sojino, ostrigovo in slivovo omako, vino ali šeri ter sol in poper. Prelijemo čez ribe in mariniramo 30 minut. Dodajte zelenjavo, oreščke, jajce in koruzni zdrob ter dobro premešajte. Enega na drugega položimo 3 kitajske liste, damo nekaj ribje mešanice in zvijte. Nadaljujte, dokler ne porabite vseh sestavin. Žemlje položitc v košaro za soparo, pokrijte in kuhajte v vreli vodi 30 minut.

Morska plošča s paradižnikovo omako

Za 4 porcije

450 g / 1 lb fileja morskega lista

sol

15 ml / 1 žlica omake iz črnega fižola

1 strok česna, zdrobljen

2 mladi čebuli (glava čebula), sesekljani

2 rezini ingverjeve korenine, sesekljane

15 ml / 1 žlica riževega vina ali suhega šerija

15 ml / 1 žlica sojine omake

200 g / 7 oz konzerviranih paradižnikov, odcejenih

30 ml / 2 žlici arašidovega olja (arašidov)

Morsko ploščo izdatno potresemo s soljo in pustimo stati 1 uro. Odstranite sol in posušite. Ribe položite v toplotno odporno skledo in jih potresite z omako iz črnega fižola, česnom, drobnjakom, ingverjem, vinom ali šerijem, sojino omako in paradižniki. Skledo postavite na rešetko v sopari, pokrijte in kuhajte 20 minut v vreli vodi, dokler se riba ne skuha. Olje segrejte, da se skoraj zadimi, in ga pred serviranjem potresite po ribah.

morska spaka z brokolijem

Za 4 porcije

450 g/1 lb repa morske spake, narezanega na kocke

sol in poper

45 ml / 3 žlice arašidovega olja (arašidov)

50 g / 2 oz gob, narezanih

1 manjši korenček, narezan na trakove

1 strok česna, zdrobljen

2 rezini ingverjeve korenine, sesekljane

45 ml / 3 žlice vode

275 g / 10 oz cvetov brokolija

5 ml/1 žlička sladkorja

5 ml / 1 žlička koruzne moke (koruznega škroba)

45 ml / 3 žlice vode

Morsko spako dobro začinimo s soljo in poprom. Segrejte 30 ml/2 žlici olja in prepražite morsko spako, gobe, korenje, česen in ingver, da rahlo zlato porumenijo. Dodamo vodo in še naprej kuhamo nepokrito na majhnem ognju. Medtem v vreli vodi blanširajte brokoli, da se zmehča in dobro odcedite. Segrejte preostalo olje in na njem dušite brokoli in sladkor s ščepcem soli, dokler ni brokoli dobro prekrit z oljem. Razporedite okoli grelnika

servirni krožnik. Koruzni zdrob in vodo zmešajte v pasto, vmešajte v ribe in med mešanjem kuhajte, dokler se omaka ne zgosti. Prelijemo po brokoliju in takoj postrežemo.

Mulet z gosto sojino omako

Za 4 porcije

1 rdeči cipel

olje za cvrtje

30 ml / 2 žlici arašidovega olja (arašidov)

2 mladi čebuli (glava čebula), narezani na rezine

2 rezini naribane korenine ingverja

1 rdeča paprika, naribana

250 ml / 8 fl oz / 1 skodelica ribje osnove

15 ml / 1 žlica goste sojine omake

15 ml/1 žlica sveže mletega belega

poper

15 ml / 1 žlica riževega vina ali suhega šerija

Ribo obrežemo in na vsaki strani diagonalno označimo. Segrejte olje in na njem pecite ribe do polovice. Odstranite iz olja in dobro odcedite. Segrejte olje in na njem 1 minuto pražite mlado čebulo, ingver in poper. Dodamo ostale sestavine, dobro premešamo in zavremo. Dodamo ribo in jo odkrito počasi kuhamo, dokler ni riba kuhana in tekočina skoraj izhlapi.

West Lake Fish

Za 4 porcije

1 cipel

30 ml / 2 žlici arašidovega olja (arašidov)

4 mlade čebule (glava čebula), naribane

1 mleta rdeča paprika čili

4 rezine naribane korenine ingverja

45 ml / 3 žlice rjavega sladkorja

30 ml/2 žlici rdečega vinskega kisa

30 ml / 2 žlici vode

30 ml / 2 žlici sojine omake

sveže mlet poper

Ribe očistite in obrežite ter na vsaki strani naredite 2 ali 3 diagonalne reze. Segrejte olje in na njem 30 sekund pražite polovico mlade čebule, čilija in ingverja. Dodamo ribe in pražimo na obeh straneh, da rahlo porjavijo. Dodamo sladkor, vinski kis, vodo, sojino omako in poper, zavremo, pokrijemo in kuhamo približno 20 minut, dokler se riba ne skuha in omaka ne zredči. Postrežemo okrašeno s preostalim drobnjakom.

ocvrta plošča

Za 4 porcije

4 fileji morske plošče

sol in sveže mlet poper

30 ml / 2 žlici arašidovega olja (arašidov)

1 rezina ingverjeve korenine, mleto

1 strok česna, zdrobljen

solatni listi

Iverko izdatno začinite s soljo in poprom. Segrejte olje in na njem 20 sekund pražite ingver in česen. Dodajte ribe in jih pražite, dokler niso kuhane in zlate. Dobro odcedimo in postrežemo na posteljici iz zelene solate.

Dušena iverka s kitajskimi gobami

Za 4 porcije

4 kitajske suhe gobe

450 g/1 lb filetov morske plošče, narezanih na kocke

1 strok česna, zdrobljen

1 rezina ingverjeve korenine, mleto

15 ml / 1 žlica sojine omake

15 ml / 1 žlica riževega vina ali suhega šerija

5 ml / 1 žlička rjavega sladkorja

350 g / 12 oz kuhanega dolgozrnatega riža

Gobe za 30 minut namočimo v topli vodi in odcedimo. Odvrzite peclje in sesekljajte vršičke. Zmešajte z iverko, česnom, ingverjem, sojino omako, vinom ali šerijem in sladkorjem, pokrijte in marinirajte 1 uro. Riž položite v soparnik in nanj položite ribe. Kuhajte na pari približno 30 minut, dokler ribe niso kuhane.

iverka s česnom

Za 4 porcije

350 g filejev morskega lista

sol

45 ml / 3 žlice koruzne moke (koruzni škrob)

1 jajce, pretepeno

60 ml / 4 žlice arašidovega olja (arašidov)

3 stroki česna, sesekljani

4 mlade čebule (glava čebula), sesekljane

15 ml / 1 žlica riževega vina ali suhega šerija

5 ml/1 žlička sezamovega olja

Podplat olupimo in narežemo na trakove. Potresemo s soljo in pustimo počivati 20 minut. Ribe potresemo s koruzno moko in pomočimo v jajce. Segrejte olje in pecite ribje trakove približno 4 minute do zlato rjave barve. Odstranite iz ponve in odcedite na kuhinjskem papirju. Iz ponve zlijte vse razen 5 ml/1 čajne žličke olja in dodajte preostale sestavine. Med mešanjem zavremo in kuhamo 3 minute. Prelijemo čez ribe in takoj postrežemo.

Iverka z ananasovo omako

Za 4 porcije

450 g / 1 lb filejev morske plošče

5 ml/1 žlička soli

30 ml / 2 žlici sojine omake

200 g/7 oz konzerviranih koščkov ananasa

2 jajci, pretepeni

100 g/4 oz/¬Ω skodelice koruznega zdroba (koruznega škroba)

olje za cvrtje

30 ml / 2 žlici vode

5 ml/1 žlička sezamovega olja

Iverko narežemo na trakove in damo v skledo. Potresemo s soljo, sojino omako in 30 ml/2 c. juhe iz ananasovega soka in pustite stati 10 minut. Jajca stepamo s 45 ml/3 žlice koruzne moke, dokler ne dobimo testa, v katerega potopimo ribe. Olje segrejemo in ribe zlato rjavo popečemo. Odcedite kuhinjski poper. Preostali ananasov sok dajte v majhno ponev. Zmešajte 30 ml/2 žlici koruzne moke z vodo in premešajte v ponvi. Zavremo in med mešanjem kuhamo, dokler se ne zgosti. Dodajte polovico koščkov ananasa in segrejte. Tik preden postrežemo, vmešamo sezamovo olje. Kuhane ribe razporedimo po segretem delu krožnik in okrasite s prihranjenim ananasom. Prelijemo z vročo omako in takoj postrežemo.

Losos s tofujem

Za 4 porcije

120 ml/4 fl oz/¬Ω skodelice arašidovega olja (arašidov)

450 g tofuja, narezanega na kocke

2,5 ml/¬Ω žličke sezamovega olja

100 g/4 oz fileja lososa, sesekljanega

kanček čilijeve omake

250 ml / 8 fl oz / 1 skodelica ribje osnove

15 ml / 1 žlica koruzne moke (koruznega škroba)

45 ml / 3 žlice vode

2 mladi čebuli (glava čebula), sesekljani

Segrejte olje in prepražite tofu, da rahlo porjavi. Odstranite iz pekača. Ponovno segrejte olje in sezamovo olje ter med mešanjem pražite omako iz lososa in čilija 1 minuto. Prilijemo juho, zavremo in vrnemo tofu v lonec. Nežno dušite, odkrito, dokler se sestavine ne skuhajo in se tekočina zmanjša. Zmešajte koruzno moko in vodo, dokler ne nastane pasta. Dodajte po malem in med mešanjem kuhajte, dokler se zmes ne zgosti. Morda ne boste potrebovali vse paste iz koruzne moke, če ste pustili, da se tekočina zmanjša. Prestavimo na segret servirni krožnik in potresemo z drobnjakom.

ocvrte marinirane ribe

Za 4 porcije

450 g papalin ali drugih majhnih rib, očiščenih

3 rezine ingverjeve korenine, sesekljane

120 ml/4 fl oz/¬Ω skodelice sojine omake

15 ml / 1 žlica riževega vina ali suhega šerija

1 strok zvezdastega janeža

olje za cvrtje

15 ml / 1 žlica sezamovega olja

Ribe položite v skledo. Vmešajte ingver, sojino omako, vino ali šeri in janež, prelijte ribe in pustite stati 1 uro ter občasno obrnite. Ribe odcedimo, zavržemo marinado. Segrejte olje in ribe v porcijah pecite, da postanejo hrustljave in zlate. Odcedite na kuhinjskem papirju in postrezite pokapano s sezamovim oljem.

postrv s korenčkom

Za 4 porcije

15 ml / 1 žlica arašidovega olja

1 strok česna, zdrobljen

1 rezina ingverjeve korenine, mleto

4 postrvi

2 korenčka, narezana na trakove

25 g / 1 oz bambusovih poganjkov, narezanih na trakove

25 g / 1 oz vodnega kostanja, narezanega na trakove

15 ml / 1 žlica sojine omake

15 ml / 1 žlica riževega vina ali suhega šerija

Segrejte olje in na njem prepražite česen in ingver, da rahlo zlato zarumenita. Dodamo ribo, pokrijemo in pražimo, da riba postane neprozorna. Dodajte korenje, bambusove poganjke, kostanj, sojino omako in vino ali šeri, rahlo premešajte, pokrijte in kuhajte približno 5 minut.

ocvrta postrv

Za 4 porcije

4 postrvi, očiščene in luske

2 jajci, pretepeni

50 g/2 oz/¬Ω skodelica navadne moke (univerzalna)

olje za cvrtje

1 limona, narezana na kolesca

Ribo na vsaki strani nekajkrat diagonalno zarežemo. Potopite v stepena jajca, nato pa stresite v moko, da se popolnoma prekrije. Otresite vse odvečne. Segrejte olje in pecite ribe približno 10-15 minut, dokler niso kuhane. Odcedite na kuhinjskem papirju in postrezite z limono.

Postrv z limonino omako

Za 4 porcije

450 ml/¬æpt/2 skodelici piščančje juhe

5 cm/2 kvadratnega kosa limonine lupine

150 ml/¬° pt/velika ¬Ω skodelica limoninega soka

90 ml / 6 žlic rjavega sladkorja

2 rezini ingverjeve korenine, narezani na trakove

30 ml / 2 žlici koruzne moke (koruzni škrob)

4 postrvi

375 g / 12 oz / 3 skodelice navadne moke (univerzalne)

175 ml / 6 fl oz / ¬æ skodelice vode

olje za cvrtje

2 beljaka

8 mladih čebulic (glave čebule), na tanke rezine

Za pripravo omake zmešajte juho, limonino lupinico in sok, sladkor ter 5 minut. Odstavite z ognja, precedite in vrnite v lonec. Koruzni zdrob zmešamo z malo vode in stresemo v ponev. Med stalnim mešanjem kuhamo 5 minut. Odstavimo z ognja in pustimo omako toplo.

Ribe z obeh strani rahlo potresemo z malo moke. Preostalo moko zmešajte z vodo in 10 ml/2 žlički olja do gladkega. Iz beljakov stepemo trd, a ne suh sneg in ga vmešamo v testo. Segrejte preostalo olje. Ribo potopite v testo, da jo popolnoma pokrije. Ribo kuhajte približno 10 minut in jo enkrat obrnite, dokler ni pečena in zlato rjava. Odcedimo na kuhinjskem papirju. Ribe razporedimo po segretem krožniku. V pekočo omako stresemo mlado čebulo, prelijemo ribe in takoj postrežemo.

kitajska tuna

Za 4 porcije

30 ml / 2 žlici arašidovega olja (arašidov)

1 sesekljano čebulo

200 g / 7 oz tune v pločevinkah, odcejene in na kosmiče

2 stebli zelene, sesekljani

100 g/4 oz gob, sesekljanih

1 zelena paprika, sesekljana

250 ml / 8 fl oz / 1 skodelica juhe

30 ml / 2 žlici sojine omake

100 g/4 oz tankih jajčnih rezancev

sol

15 ml / 1 žlica koruzne moke (koruznega škroba)

45 ml / 3 žlice vode

Segrejemo olje in pražimo čebulo, da oveni. Dodajte tunino in mešajte, dokler ni dobro prekrita z oljem. Dodamo zeleno, gobe in poper ter pražimo 2 minuti. Dodamo juho in sojino omako, zavremo, pokrijemo in kuhamo 15 minut. Medtem v vreli slani vodi približno 5 minut kuhamo testenine, da se zmehčajo, jih dobro odcedimo in položimo v segret servirni krožnik.

jed. Zmešajte koruzno moko in vodo, mešanico vmešajte v tunino omako in med mešanjem kuhajte, dokler se omaka ne posvetli in zgosti.

Marinirani ribji zrezki

Za 4 porcije

4 zrezki vahnje ali vahnje

2 stroka česna, zdrobljena

2 rezini zdrobljene korenine ingverja

3 mlade čebule (glava čebula), sesekljane

15 ml / 1 žlica riževega vina ali suhega šerija

15 ml / 1 žlica vinskega kisa

sol in sveže mlet poper

45 ml / 3 žlice arašidovega olja (arašidov)

Ribe položite v skledo. Vmešajte česen, ingver, drobnjak, vino ali šeri, vinski kis, sol in poper, prelijte ribe, pokrijte in marinirajte nekaj ur. Odstranite ribe iz marinade. Olje segrejemo in ribe na obeh straneh zlato rjavo popečemo in jih vzamemo iz ponve. V ponev dodajte marinado, zavrite, nato vrnite ribe v ponev in počasi kuhajte, dokler niso kuhane.

Kozice z mandlji

Za 4 porcije

100 g / 4 oz mandljev

225 g oluščenih velikih kozic

2 rezini ingverjeve korenine, sesekljane

15 ml / 1 žlica koruzne moke (koruznega škroba)

2,5 ml/¬Ω čajna žlička soli

30 ml / 2 žlici arašidovega olja (arašidov)

2 stroka česna

2 stebli zelene, sesekljani

5 ml/1 žlička sojine omake

5 ml/1 čajna žlička riževega vina ali suhega šerija

30 ml / 2 žlici vode

Mandlje prepražimo v suhi ponvi, da rahlo porjavijo in odstavimo. Kozice olupimo, pustimo jih za repke in jih po dolžini prerežemo na pol do repa. Zmešajte z ingverjem, koruzno moko in soljo. Segrejte olje in prepražite česen, da rahlo porjavi, nato pa česen zavrzite. V lonec dodajte zeleno, sojino omako, vino ali šeri in vodo ter zavrite. Dodamo kozice in pražimo, dokler se ne segrejejo. Postrežemo posuto s praženimi mandlji.

Janeževe kozice

Za 4 porcije

45 ml / 3 žlice arašidovega olja (arašidov)

15 ml / 1 žlica sojine omake

5 ml/1 žlička sladkorja

120 ml/4 fl oz/¬Ω skodelice ribje juhe

ščepec mletega janeža

450 g/1 funt olupljenih kozic

Olje segrejemo, dodamo sojino omako, sladkor, juho in janež ter zavremo. Dodajte kozice in kuhajte nekaj minut, dokler se ne segrejejo in zadišijo.

Kozice s šparglji

Za 4 porcije

450 g / 1 lb špargljev, narezanih na koščke

45 ml / 3 žlice arašidovega olja (arašidov)

2 rezini ingverjeve korenine, sesekljane

15 ml / 1 žlica sojine omake

15 ml / 1 žlica riževega vina ali suhega šerija

5 ml/1 žlička sladkorja

2,5 ml/¬Ω čajna žlička soli

225 g olupljenih kozic

Šparglje blanširamo v vreli vodi 2 minuti in dobro odcedimo. Segrejte olje in na njem nekaj sekund pražite ingver. Dodajte šparglje in mešajte, dokler niso dobro prekriti z oljem. Dodajte sojino omako, vino ali šeri, sladkor in sol ter segrejte. Dodamo kozico in na majhnem ognju mešamo, dokler se šparglji ne zmehčajo.

kozice s slanino

Za 4 porcije

450 g oluščenih velikih kozic

100 g/4 oz slanine

1 jajce, rahlo stepeno

2,5 ml/¬Ω čajna žlička soli

15 ml / 1 žlica sojine omake

50 g/2 oz/¬Ω skodelice koruznega zdroba (koruznega škroba)

olje za cvrtje

Kozice olupimo, repke pustimo nedotaknjene. Po dolžini prerežite na pol do repa. Slanino narežemo na majhne kvadratke. V sredino vsake kozice vtisnemo kos slanine in stisnemo obe polovici skupaj. Jajce stepemo s soljo in sojino omako. Kozice prepasiraj v jajce in potresi s koruzno moko. Segrejte olje in pražite kozice, da hrustljavo zapečejo in zlato zapečejo.

cmoki s kozicami

Za 4 porcije

3 kitajske suhe gobe

450 g/1 lb kozic, drobno narezanih

6 vodnih kostanjev, drobno sesekljanih

1 šalotka (popečasta čebula), drobno sesekljana

1 rezina ingverjeve korenine, drobno sesekljane

sol in sveže mlet poper

2 jajci, pretepeni

15 ml / 1 žlica koruzne moke (koruznega škroba)

50 g/2 oz/¬Ω skodelica navadne moke (univerzalna)

arašidovo (arašidovo) olje za cvrtje

Gobe za 30 minut namočimo v topli vodi in odcedimo. Pecelj zavržemo, klobuke pa drobno sesekljamo. Zmešajte s kozicami, vodnim kostanjem, drobnjakom in ingverjem ter začinite s soljo in poprom. Zmešajte 1 jajce in 5 ml/1 čajno žličko koruznega zdroba v kroglice, velike približno kot zvrhana čajna žlička.

Preostala jajca, koruzni zdrob in moko stepemo s toliko vode, da dobimo gosto gladko testo. Zavaljajte kroglice testenine. Segrejemo olje in pražimo nekaj minut do zlato rjave barve.

Pečene kozice

Za 4 porcije

450 g olupljenih velikih kozic

100 g/4 oz slanine

225 g / 8 oz piščančjih jeter, narezanih

1 strok česna, zdrobljen

2 rezini ingverjeve korenine, sesekljane

30 ml / 2 žlici sladkorja

120 ml/4 fl oz/¬Ω skodelice sojine omake

sol in sveže mlet poper

Kozice vzdolžno brez rezanja prerežemo po hrbtu in jih rahlo sploščimo. Slanino narežemo na koščke in damo v skledo k kozicam in piščančjim jetrom. Preostale sestavine zmešamo, prelijemo čez kozice in pustimo počivati 30 minut. Kozice, slanino in jetra nataknite na nabodala in pecite na žaru ali pecite približno 5 minut, jih pogosto obračajte, dokler niso pečeni, občasno jih polijte z marinado.

Kozice z bambusovimi poganjki

Za 4 porcije

60 ml / 4 žlice arašidovega olja (arašidov)

1 strok česna, mlet

1 rezina ingverjeve korenine, mleto

450 g/1 funt olupljenih kozic

30 ml / 2 žlici riževega vina ali suhega šerija

225 g / 8 oz bambusovih poganjkov

30 ml / 2 žlici sojine omake

15 ml / 1 žlica koruzne moke (koruznega škroba)

45 ml / 3 žlice vode

Segrejte olje in na njem prepražite česen in ingver, da rahlo zlato zarumenita. Dodamo kozice in pražimo 1 minuto. Dodajte vino ali šeri in dobro premešajte. Dodamo bambusove poganjke in pražimo 5 minut. Dodamo ostale sestavine in pražimo 2 minuti.

Kozice s fižolovimi kalčki

Za 4 porcije

4 kitajske suhe gobe

30 ml / 2 žlici arašidovega olja (arašidov)

1 strok česna, zdrobljen

225 g olupljenih kozic

15 ml / 1 žlica riževega vina ali suhega šerija

450 g / 1 lb fižolovih kalčkov

120 ml/4 fl oz/¬Ω skodelice piščančje juhe

15 ml / 1 žlica sojine omake

15 ml / 1 žlica koruzne moke (koruznega škroba)

sol in sveže mlet poper

2 mladi čebuli (glava čebula), sesekljani

Gobe za 30 minut namočimo v topli vodi in odcedimo. Zavrzite peclje in odrežite vrhove. Segrejte olje in na njem prepražite česen, da rahlo zlato porumeni. Dodamo kozice in pražimo 1 minuto. Dodamo vino ali šeri in med mešanjem pražimo 1 minuto. Primešamo gobe in fižolove kalčke. Zmešajte osnovo, sojino omako in koruzno moko ter premešajte v ponvi. Zavremo, nato pa med mešanjem kuhamo, dokler se omaka ne posvetli in zgosti. Po okusu začinimo s soljo in poprom. Postrežemo potreseno z drobnjakom.

Kozice z omako iz črnega fižola

Za 4 porcije

30 ml / 2 žlici arašidovega olja (arašidov)

5 ml/1 žlička soli

1 strok česna, zdrobljen

45 ml / 3 žlice omake iz črnega fižola

1 zelena paprika, sesekljana

1 sesekljano čebulo

120 ml/4 fl oz/¬Ω skodelice ribje juhe

5 ml/1 žlička sladkorja

15 ml / 1 žlica sojine omake

225 g olupljenih kozic

15 ml / 1 žlica koruzne moke (koruznega škroba)

45 ml / 3 žlice vode

Segrejte olje in na njem 2 minuti pražite sol, česen in omako iz črnega fižola. Dodamo papriko in čebulo ter pražimo 2 minuti. Dodajte juho, sladkor in sojino omako ter zavrite. Dodamo kozico in kuhamo 2 minuti. Koruzni zdrob in vodo zmešajte skupaj, dokler ne nastane pasta, jo dodajte v ponev in med mešanjem kuhajte, dokler se omaka ne zbistri in zgosti.

kozice z zeleno

Za 4 porcije

45 ml / 3 žlice arašidovega olja (arašidov)

3 rezine ingverjeve korenine, sesekljane

450 g/1 funt olupljenih kozic

5 ml/1 žlička soli

15 ml / 1 žlica šerija

4 stebla zelene, sesekljana

100 g / 4 oz mandljev, sesekljanih

Segrejte polovico olja in prepražite ingver, da rahlo zlato porumeni. Dodajte kozice, sol in šeri ter pražite, dokler niso dobro prekrite z oljem, in jih odstranite iz ponve. Segrejte preostalo olje in pražite zeleno in mandlje nekaj minut, da se zelena zmehča, a še vedno hrustljavo. Kozice vrnemo v ponev, dobro premešamo in pred serviranjem segrejemo.

Kozice, popečene s piščancem

Za 4 porcije

30 ml / 2 žlici arašidovega olja (arašidov)

2 stroka česna, zdrobljena

225 g kuhanega piščanca, narezanega na tanke rezine

100 g / 4 oz bambusovih poganjkov, narezanih

100 g/4 oz narezanih gob

75 ml / 5 žlic ribje osnove

225 g olupljenih kozic

225 g / 8 oz mangetout (grah)

15 ml / 1 žlica koruzne moke (koruznega škroba)

45 ml / 3 žlice vode

Segrejte olje in na njem prepražite česen, da rahlo zlato porumeni. Dodajte piščanca, bambusove poganjke in gobe ter pražite, dokler niso dobro prekriti z oljem. Prilijemo juho in zavremo. Dodamo kozice in mangetout, pokrijemo in kuhamo 5 minut. Koruzni zdrob in vodo stepajte skupaj, dokler ne nastane pasta, stresite v ponev in med mešanjem kuhajte, dokler omaka ni bistra in zgoščena. Postrezite takoj.

čili kozice

Za 4 porcije

450 g/1 funt olupljenih kozic

1 beljak

10 ml / 2 žlički koruzne moke (koruznega škroba)

5 ml/1 žlička soli

60 ml / 4 žlice arašidovega olja (arašidov)

25 g / 1 oz posušene rdeče paprike, narezane

1 strok česna, zdrobljen

5 ml/1 žlička sveže mletega popra

15 ml / 1 žlica sojine omake

5 ml/1 čajna žlička riževega vina ali suhega šerija

2,5 ml/¬Ω čajna žlička sladkorja

2,5 ml/¬Ω žličke vinskega kisa

2,5 ml/¬Ω žličke sezamovega olja

Kozice damo v skledo z beljakom, koruzno moko in soljo ter mariniramo 30 minut. Segrejemo olje in pražimo papriko, česen in poper 1 minuto. Dodajte kozice in preostale sestavine ter pražite nekaj minut, dokler se kozice ne segrejejo in sestavine dobro premešajo.

škampov kotlet

Za 4 porcije

60 ml / 4 žlice arašidovega olja (arašidov)

2 mladi čebuli (glava čebula), sesekljani

2 stroka česna, zdrobljena

1 rezina ingverjeve korenine, mleto

225 g olupljenih kozic

100 g zamrznjenega graha

100 g gob, prepolovljenih

30 ml / 2 žlici sojine omake

15 ml / 1 žlica riževega vina ali suhega šerija

5 ml/1 žlička sladkorja

5 ml/1 žlička soli

15 ml / 1 žlica koruzne moke (koruznega škroba)

Segrejte 45 ml / 3 žlice olja in prepražite šalotko, česen in ingver, da rahlo zlato porumenijo. Dodamo kozice in pražimo 1 minuto. Odstranite iz pekača. Segrejte preostalo olje in pražite grah in gobe 3 minute. Dodajte kozice, sojino omako, vino ali šeri, sladkor in sol ter pražite 2 minuti. Koruzno moko zmešamo z malo vode, stresemo v ponev in med mešanjem kuhamo toliko časa, da se omaka zbistri in zgosti.

Chow Mein s kozicami

Za 4 porcije

450 g/1 funt olupljenih kozic

15 ml / 1 žlica koruzne moke (koruznega škroba)

15 ml / 1 žlica sojine omake

15 ml / 1 žlica riževega vina ali suhega šerija

4 kitajske suhe gobe

30 ml / 2 žlici arašidovega olja (arašidov)

5 ml/1 žlička soli

1 rezina ingverjeve korenine, mleto

100 g / 4 oz kitajskega zelja, narezanega

100 g / 4 oz bambusovih poganjkov, narezanih

Ocvrti rezanci

Kozice zmešajte s koruzno moko, sojino omako in vinom ali šerijem ter pustite stati, občasno premešajte. Gobe za 30 minut namočimo v topli vodi in odcedimo. Zavrzite peclje in odrežite vrhove. Segrejte olje in pražite sol in ingver 1 minuto. Dodajte zelje in bambusove poganjke ter mešajte, dokler niso prekriti z oljem. Pokrijte in kuhajte 2 minuti. Dodamo kozice in marinado ter pražimo 3 minute. Vmešajte odcejene testenine in jih pred serviranjem segrejte.

Kozice z bučkami in ličijem

Za 4 porcije

12 kraljevih kozic

sol in poper

10 ml/2 žlički sojine omake

10 ml / 2 žlički koruzne moke (koruznega škroba)

15 ml / 1 žlica arašidovega olja

4 stroki česna, strti

2 rdeči papriki, sesekljani

225 g bučk (bučk), narezanih na kocke

2 mladi čebuli (glava čebula), sesekljani

12 ličijev, brez koščic

120 ml/4 fl oz/¬Ω skodelice kokosove smetane

10 ml/2 žlički blagega curryja

5 ml / 1 žlička ribje omake

Kozice olupimo, pustimo repke. Potresemo s soljo, poprom in sojino omako, nato prelijemo s koruzno moko. Segrejte olje in na njem 1 minuto pražite česen, čili papriko in kozico. Dodamo bučke, mlado čebulo in liči ter pražimo 1 minuto. Odstranite iz pekača. V ponev vlijemo kokosovo smetano, zavremo in kuhamo 2 minuti, dokler se ne zgosti. zmešajte curry prašek in ribjo omako ter začinite s soljo in poprom. Pred serviranjem vrnite kozice in zelenjavo v omako, da se segreje.

kozice z rakovico

Za 4 porcije

45 ml / 3 žlice arašidovega olja (arašidov)

3 mlade čebule (glava čebula), sesekljane

1 narezana ingverjeva korenina, mleto

225 g / 8 oz rakovega mesa

15 ml / 1 žlica riževega vina ali suhega šerija

30 ml / 2 žlici piščančje ali ribje osnove

15 ml / 1 žlica sojine omake

5 ml / 1 žlička rjavega sladkorja

5 ml/1 žlička vinskega kisa

sveže mlet poper

10 ml / 2 žlički koruzne moke (koruznega škroba)

225 g olupljenih kozic

Segrejte 30 ml / 2 žlici olja in prepražite mlado čebulo in ingver, da rahlo porjavita. Dodamo rakovo meso in pražimo 2 minuti. Dodamo vino ali šeri, juho, sojino omako, sladkor in kis ter po okusu začinimo s poprom. Pražimo 3 minute. Koruzni zdrob zmešamo z malo vode in vmešamo v omako. Med mešanjem kuhamo, dokler se omaka ne zgosti. Medtem v ločeni ponvi segrejemo preostalo olje in na njem nekajkrat popečemo kozice minut, dokler se ne segreje. Mešanico za rakovice razporedimo po segretem krožniku in nanjo položimo kozice.

kozice s kumaro

Za 4 porcije

225 g olupljenih kozic

sol in sveže mlet poper

15 ml / 1 žlica koruzne moke (koruznega škroba)

1 kumara

45 ml / 3 žlice arašidovega olja (arašidov)

2 stroka česna, zdrobljena

1 čebula, drobno sesekljana

15 ml / 1 žlica riževega vina ali suhega šerija

2 rezini ingverjeve korenine, sesekljane

Kozice posolimo in popopramo ter primešamo koruznemu zdrobu. Kumaro olupimo in ji odstranimo semena ter jo narežemo na debele rezine. Segrejte polovico oljčnega olja in na njem prepražite česen in čebulo, da rahlo zlato porumenita. Dodamo kozice in šeri ter pražimo 2 minuti, nato sestavine odstranimo iz ponve. Segrejte preostalo olje in pražite ingver 1 minuto. Dodamo kumare in pražimo 2 minuti. Mešanico s kozicami vrnite v ponev in med mešanjem pražite, dokler se dobro ne premeša in segreje.

Kari s kozicami

Za 4 porcije

45 ml / 3 žlice arašidovega olja (arašidov)

4 mlade čebule (glava čebula), narezane na rezine

30 ml/2 žlici karija

2,5 ml/¬Ω čajna žlička soli

120 ml/4 fl oz/¬Ω skodelice piščančje juhe

450 g/1 funt olupljenih kozic

Segrejte olje in pražite mlado čebulo 30 sekund. Dodajte curry v prahu in sol ter pražite 1 minuto. Prilijemo juho, zavremo in med mešanjem kuhamo 2 minuti. Dodamo kozice in rahlo segrejemo.

Kari s kozicami in gobami

Za 4 porcije

5 ml/1 žlička sojine omake

5 ml/1 čajna žlička riževega vina ali suhega šerija

225 g olupljenih kozic

30 ml / 2 žlici arašidovega olja (arašidov)

2 stroka česna, zdrobljena

1 rezina ingverjeve korenine, drobno sesekljane

1 čebula, narezana na kolesca

100 g šampinjonov

100 g svežega ali zamrznjenega graha

15 ml/1 žlica karija v prahu

15 ml / 1 žlica koruzne moke (koruznega škroba)

150 ml/¬° pt/velika ¬Ω skodelica piščančje juhe

Primešajte sojino omako, vino ali šeri in kozice. Segrejte olivno olje s česnom in ingverjem ter prepražite, da rahlo zlato porumeni. Dodamo čebulo, gobe in grah ter pražimo 2 minuti. Dodajte kari in koruzni zdrob ter pražite 2 minuti. Postopoma dodajamo juho, zavremo, pokrijemo in med občasnim mešanjem kuhamo 5 minut. Dodamo kozice in marinado, pokrijemo in kuhamo 2 minuti.

ocvrte kozice

Za 4 porcije

450 g/1 funt olupljenih kozic

30 ml / 2 žlici riževega vina ali suhega šerija

5 ml/1 žlička soli

olje za cvrtje

sojina omaka

Kozice stresemo v vino ali šeri in potresemo s soljo. Pustite počivati 15 minut, nato odcedite in posušite. Segrejemo olje in pražimo kozice nekaj sekund, da hrustljavo zapečejo. Postrežemo posuto s sojino omako.

Ocvrti panirani škampi

Za 4 porcije

50 g/2 oz/¬Ω skodelica navadne moke (univerzalna)

2,5 ml/¬Ω čajna žlička soli

1 jajce, rahlo stepeno

30 ml / 2 žlici vode

450 g/1 funt olupljenih kozic

olje za cvrtje

Moko, sol, jajce in vodo stepamo dokler ne dobimo testa, po potrebi dodamo še malo vode. Premešajte s kozicami, dokler niso dobro prekrite. Segrejte olje in pražite kozice nekaj minut, da postanejo hrustljave in zlatorjave.

Cmoki s kozicami s paradižnikovo omako

Za 4 porcije

900 g / 2 lb kozic brez lupine

450 g / 1 lb sesekljane trske (mlete)

4 stepena jajca

50 g/2 oz/¬Ω skodelice koruznega zdroba (koruznega škroba)

2 stroka česna, zdrobljena

30 ml / 2 žlici sojine omake

15 ml / 1 žlica sladkorja

15 ml / 1 žlica arašidovega olja

Za omako:

30 ml / 2 žlici arašidovega olja (arašidov)

100 g / 4 oz drobnjaka (porastove čebulice), mletega

100 g/4 oz gob, sesekljanih

100 g/4 oz šunke, sesekljane

2 stebli zelene, sesekljani

200 g / 7 oz paradižnikov, olupljenih in narezanih

300 ml/¬Ω pt/1 skodelice vode

sol in sveže mlet poper

15 ml / 1 žlica koruzne moke (koruznega škroba)

Kozice drobno nasekljamo in primešamo polenovki. Vmešajte jajca, koruzni zdrob, česen, sojino omako, sladkor in olje. Zavremo velik lonec vode in v lonec dajamo žlice mešanice. Ponovno zavremo in kuhamo nekaj minut, da se cmoki dvignejo na površje. Dobro posušite. Za pripravo omake segrejte olje in prepražite mlado čebulo, da se zmehča, vendar ne porjavi. Dodamo gobe in pražimo 1 minuto, nato dodamo šunko, zeleno in paradižnik ter pražimo 1 minuto. Dodamo vodo, zavremo in začinimo s soljo in poprom. Pokrijte in med občasnim mešanjem kuhajte 10 minut. Koruzni zdrob zmešamo z malo vode in vmešamo v omako. Med mešanjem kuhajte nekaj minut, dokler se omaka ne posvetli in zgosti. Postrezite s cmoki.

Skodelice za kozice in jajca

Za 4 porcije

15 ml / 1 žlica sezamovega olja

8 olupljenih kraljevih kozic

1 mleta rdeča paprika čili

2 mladi čebuli (glava čebula), sesekljani

30 ml / 2 žlici sesekljanega abalona (neobvezno)

8 jajc

15 ml / 1 žlica sojine omake

sol in sveže mlet poper

nekaj vejic ploščatega peteršilja

S sezamovim oljem namastite 8 ramkinov. Na vsak krožnik položite po eno kozico z malo čilija, čebulice in abalona, če jih uporabljate. V vsako skledo razbijte jajce in začinite s sojino omako, soljo in poprom. Ramekine položite na pekač in pecite v predhodno ogreti pečici pri 200¬∞ C/400¬∞ F/plinska oznaka 6 približno 15 minut, dokler se jajca ne strdijo in na zunanji strani rahlo hrustljavo zapečejo. Previdno jih prestavimo na topel servirni krožnik in okrasimo s peteršiljem.

zvitki iz kozic

Za 4 porcije

225 g / 8 oz fižolovih kalčkov

30 ml / 2 žlici arašidovega olja (arašidov)

4 stebla zelene, sesekljana

100 g/4 oz gob, sesekljanih

225 g / 8 oz olupljenih kozic, narezanih

15 ml / 1 žlica riževega vina ali suhega šerija

2,5 ml/¬Ω žličke koruznega zdroba (koruznega škroba)

2,5 ml/¬Ω čajna žlička soli

2,5 ml/¬Ω čajna žlička sladkorja

12 kož jajčnih zvitkov

1 jajce, pretepeno

olje za cvrtje

Fižolove kalčke blanširamo v vreli vodi 2 minuti in odcedimo. Segrejte olje in pražite zeleno 1 minuto. Dodamo gobe in pražimo 1 minuto. Dodamo kozice, vino ali šeri, koruzno moko, sol in sladkor ter pražimo 2 minuti. Naj se ohladi.

Na sredino vsake kože položite malo nadeva in robove namažite s stepenim jajcem. Zavihajte robove in zavijte jajčno rolado stran od sebe, robove pa zaprite z jajcem. Olje segrejemo in zlato ocvremo.

Daljnovzhodne kozice

Za 4 porcije

16–20 olupljenih kraljevih kozic

1 limonin sok

120 ml/4 fl oz/¬Ω skodelice suhega belega vina

30 ml / 2 žlici sojine omake

30 ml/2 žlici medu

15 ml / 1 žlica naribane limonine lupinice

sol in poper

45 ml / 3 žlice arašidovega olja (arašidov)

1 strok česna, mlet

6 mladih čebulic (glave čebule), narezanih na trakove

2 korenčka, narezana na trakove

5 ml/1 čajna žlička petih začimb v prahu

5 ml / 1 žlička koruzne moke (koruznega škroba)

Kozice zmešajte z limoninim sokom, vinom, sojino omako, medom in limonino lupinico ter začinite s soljo in poprom. Pokrijte in pustite marinirati 1 uro. Segrejte olje in na njem prepražite česen, da rahlo zlato porumeni. Dodamo zelenjavo in pražimo, dokler ni mehka, a še vedno hrustljava. Kozice odcedimo, dodamo v ponev in pražimo 2 minuti. Raznolikost marinado in premešajte s petimi začimbami v prahu in koruzno moko. Dodamo v vok, dobro premešamo in zavremo.

Kozica Foo Yung

Za 4 porcije

6 stepenih jajc

45 ml / 3 žlice koruzne moke (koruzni škrob)

225 g olupljenih kozic

100 g/4 oz narezanih gob

5 ml/1 žlička soli

2 mladi čebuli (glava čebula), sesekljani

45 ml / 3 žlice arašidovega olja (arašidov)

Stepite jajca in nato še koruzno moko. Dodajte vse preostale sestavine razen olja. Segrejte olje in zmes po malem vlivajte v ponev, da dobite približno 3 cm premera palačink. Cvremo, dokler dno ne zlato zapeče, obrnemo in zapečemo še drugo stran.

Pomfri

Za 4 porcije

12 velikih surovih kozic

1 jajce, pretepeno

30 ml / 2 žlici koruzne moke (koruzni škrob)

ščepec soli

ščepec popra

3 rezine kruha

1 kuhan rumenjak (med) zdrobljen

25 g/1 oz kuhane šunke, sesekljane

1 šalotka (popečasta čebula), sesekljana

olje za cvrtje

Odstranite lupine in hrbtne žile iz kozic, repke pa pustite nedotaknjene. Z ostrim nožem zarežemo hrbet kozic in jih nežno pritisnemo. Stepite jajce, koruzni zdrob, sol in poper. V mešanico stresite kozico, dokler ni popolnoma prekrita. Kruhu odstranimo skorjo in ga narežemo na četrtine. Na vsak kos položite eno kozico s prerezano stranjo navzdol in pritisnite. Vsako kozico malo premažemo z jajčno mešanico in potresemo z rumenjakom, šunko in drobnjakom. Segrejte olje in na njem po obrokih zlato rjavo popecite kose kruha s kozicami. Odcedimo na kuhinjskem papirju in vroče postrežemo.

Ocvrte kozice v omaki

Za 4 porcije

75 g / 3 oz / zvrhane ¬° skodelice koruznega zdroba (koruznega škroba)

¬Ω stepeno jajce

5 ml/1 čajna žlička riževega vina ali suhega šerija

sol

450 g/1 funt olupljenih kozic

45 ml / 3 žlice arašidovega olja (arašidov)

5 ml/1 žlička sezamovega olja

1 strok česna, zdrobljen

1 rezina ingverjeve korenine, mleto

3 mlade čebule (glava čebula), narezane na rezine

15 ml / 1 žlica ribje osnove

5 ml/1 žlička vinskega kisa

5 ml/1 žlička sladkorja

Zmešajte koruzno moko, jajce, vino ali šeri in ščepec soli, da naredite testo. Kozice pomočite v testo, da so rahlo obložene. Olje segrejemo in na njem ocvremo kozice, da zunaj hrustljavo zapečejo. Odstranite jih iz ponve in odcedite olje. V ponvi segrejte sezamovo olje, dodajte kozice, česen, ingver in drobnjak in dušimo 3 minute. Dodamo juho, vinski kis in sladkor, dobro premešamo in pred serviranjem segrejemo.

Poširana kozica s šunko in tofujem

Za 4 porcije

30 ml / 2 žlici arašidovega olja (arašidov)

225 g / 8 oz tofuja, narezanega na kocke

600 ml / 1 pt / 2 ¬Ω skodelice piščančje juhe

100 g / 4 oz prekajene šunke, narezane na kocke

225 g olupljenih kozic

Segrejte olje in prepražite tofu, da rahlo porjavi. Odstranite iz ponve in odcedite. Juho segrejemo, dodamo tofu in šunko ter dušimo približno 10 minut, da se tofu skuha. Dodajte kozice in kuhajte še 5 minut, dokler se ne segrejejo. Postrežemo v globokih skledah.

Kozice v omaki z jastogom

Za 4 porcije

45 ml / 3 žlice arašidovega olja (arašidov)

2 stroka česna, zdrobljena

5 ml / 1 žlička sesekljanega črnega fižola

100 g/4 oz mlete svinjine (mlete)

450 g/1 funt olupljenih kozic

15 ml / 1 žlica riževega vina ali suhega šerija

300 ml/¬Ω pt/1 skodelice piščančje juhe

30 ml / 2 žlici koruzne moke (koruzni škrob)

2 jajci, pretepeni

15 ml / 1 žlica sojine omake

2,5 ml/¬Ω čajna žlička soli

2,5 ml/¬Ω čajna žlička sladkorja

2 mladi čebuli (glava čebula), sesekljani

Segrejemo olje in pražimo česen in črni fižol, da česen rahlo porjavi. Dodamo svinjino in pražimo do zlato rjave barve. Dodamo kozice in pražimo 1 minuto. Dodamo šeri, pokrijemo in kuhamo 1 minuto. Dodamo juho in koruzni zdrob, med mešanjem zavremo, pokrijemo in kuhamo 5 minut. Dodajte jajca, nenehno mešajte, da nastanejo prameni. dodajte sojo omako, soljo, sladkorjem in drobnjakom ter pred serviranjem nekaj minut pokuhamo.

Kozice z ličijevo omako

Za 4 porcije

50 g / 2 oz / ¬Ω navadna skodelica (univerzalna) moka

2,5 ml/¬Ω čajna žlička soli

1 jajce, rahlo stepeno

30 ml / 2 žlici vode

450 g/1 funt olupljenih kozic

olje za cvrtje

30 ml / 2 žlici arašidovega olja (arašidov)

2 rezini ingverjeve korenine, sesekljane

30 ml/2 žlici vinskega kisa

5 ml/1 žlička sladkorja

2,5 ml/¬Ω čajna žlička soli

15 ml / 1 žlica sojine omake

200 g / 7 oz ličijev v pločevinkah, odcejenih

Iz moke, soli, jajca in vode stepemo testo, po potrebi dodamo še malo vode. Premešajte s kozicami, dokler niso dobro prekrite. Segrejte olje in pražite kozice nekaj minut, da postanejo hrustljave in zlatorjave. Odcedite na kuhinjskem papirju in položite na topel servirni krožnik. Medtem segrejemo olje in pražimo ingver 1 minuto. Dodamo vinski kis, sladkor, sol in sojino omako. Dodajte liči in mešajte, dokler se ne segreje in prekrije z omako. Prelijemo čez kozico in takoj postrežemo.

Ocvrte kozice z mandarino

Za 4 porcije

60 ml / 4 žlice arašidovega olja (arašidov)

1 strok česna, zdrobljen

1 rezina ingverjeve korenine, mleto

450 g/1 funt olupljenih kozic

30 ml/2 žlici riževega vina ali suhega šerija 30 ml/2 žlici sojine omake

15 ml / 1 žlica koruzne moke (koruznega škroba)

45 ml / 3 žlice vode

Segrejte olje in na njem prepražite česen in ingver, da rahlo zlato zarumenita. Dodamo kozice in pražimo 1 minuto. Dodajte vino ali šeri in dobro premešajte. Dodamo sojino omako, koruzni zdrob in vodo ter pražimo 2 minuti.

Škampi z mangetoutom

Za 4 porcije

5 kitajskih suhih gob

225 g / 8 oz fižolovih kalčkov

60 ml / 4 žlice arašidovega olja (arašidov)

5 ml/1 žlička soli

2 stebli zelene, sesekljani

4 mlade čebule (glava čebula), sesekljane

2 stroka česna, zdrobljena

2 rezini ingverjeve korenine, sesekljane

60 ml / 4 žlice vode

15 ml / 1 žlica sojine omake

15 ml / 1 žlica riževega vina ali suhega šerija

225 g / 8 oz mangetout (grah)

225 g olupljenih kozic

15 ml / 1 žlica koruzne moke (koruznega škroba)

Gobe za 30 minut namočimo v topli vodi in odcedimo. Zavrzite peclje in odrežite vrhove. Fižolove kalčke blanširajte v vreli vodi 5 minut in dobro odcedite. Segrejemo polovico olja in na njem 1 minuto pražimo sol, zeleno, mlado čebulo in fižolove kalčke, nato jih odstranimo iz ponve. Segrejte preostalo olje in prepražite česen in ingver, da rahlo zlato zarumenita. Dodajte polovico vode, sojino omako, vino ali šeri, mangetout in kozice, zavrite in kuhajte 3 minute. Koruzno moko in preostalo vodo zmešajte v pasto, stresite v ponev in med mešanjem kuhajte, dokler se omaka ne zgosti. Vrnite zelenjavo v ponev, kuhajte, dokler se ne segreje. Postrezite takoj.

Kozice s kitajskimi gobami

Za 4 porcije

8 kitajskih suhih gob

45 ml / 3 žlice arašidovega olja (arašidov)

3 rezine ingverjeve korenine, sesekljane

450 g/1 funt olupljenih kozic

15 ml / 1 žlica sojine omake

5 ml/1 žlička soli

60 ml / 4 žlice ribje osnove

Gobe za 30 minut namočimo v topli vodi in odcedimo. Zavrzite peclje in odrežite vrhove. Segrejte polovico olja in prepražite ingver, da rahlo zlato porumeni. Dodajte kozice, sojino omako in sol ter pražite, dokler niso pokriti z oljem, in odstranite iz ponve. Segrejte preostalo olje in prepražite gobe, da so prekrite z oljem. Prilijemo juho, zavremo, pokrijemo in kuhamo 3 minute. Kozice vrnite v ponev in mešajte, dokler se ne segrejejo.

Praženje s kozicami in grahom

Za 4 porcije

450 g/1 funt olupljenih kozic

5 ml/1 žlička sezamovega olja

5 ml/1 žlička soli

30 ml / 2 žlici arašidovega olja (arašidov)

1 strok česna, zdrobljen

1 rezina ingverjeve korenine, mleto

225 g / 8 oz blanširanega ali zamrznjenega graha, odmrznjenega

4 mlade čebule (glava čebula), sesekljane

30 ml / 2 žlici vode

sol in poper

Kozice zmešajte s sezamovim oljem in soljo. Segrejte olje in na njem 1 minuto pražite česen in ingver. Dodamo kozice in pražimo 2 minuti. Dodamo grah in ga pražimo 1 minuto. Dodajte mlado čebulo in vodo ter začinite s soljo in poprom ter po želji še malo sezamovega olja. Pred serviranjem segrejte in previdno premešajte.

Kozice z mangovim čatnijem

Za 4 porcije

12 kraljevih kozic

sol in poper

1 limonin sok

30 ml / 2 žlici koruzne moke (koruzni škrob)

1 mango

5 ml/1 žlička gorčice v prahu

5 ml/1 žlička medu

30 ml / 2 žlici kokosove smetane

30 ml/2 žlici blagega karija

120 ml/4 fl oz/¬Ω skodelice piščančje juhe

45 ml / 3 žlice arašidovega olja (arašidov)

2 stroka česna, nasekljana

2 mladi čebuli (glava čebula), sesekljani

1 čebulica koromača, sesekljana

100 g mangovega čatnija

Kozice olupimo, repke pustimo nedotaknjene. Potresemo s soljo, poprom in limoninim sokom ter potresemo s polovico koruznega zdroba. Mango olupimo, odrežemo koščico in meso nasekljamo. Vmešajte gorčico, med, kokosovo smetano, kari v prahu, preostalo koruzno moko in juho. Segrejte polovico olja in na njem 2 minuti pražite česen, drobnjak in koromač. Dodamo osnovno mešanico, zavremo in kuhamo 1 minuto. Dodamo kocke manga in čatni ter rahlo segrejemo in prestavimo na segret servirni krožnik. Segrejte preostalo olje in pražite kozice 2 minuti. Razporedite jih po zelenjavi in takoj postrezite.

Ocvrti cmoki s kozicami s čebulno omako

Za 4 porcije

3 rahlo stepena jajca

45 ml / 3 žlice navadne moke (univerzalne)

sol in sveže mlet poper

450 g/1 funt olupljenih kozic

olje za cvrtje

15 ml / 1 žlica arašidovega olja

2 čebuli, sesekljani

15 ml / 1 žlica koruzne moke (koruznega škroba)

30 ml / 2 žlici sojine omake

175 ml / 6 fl oz / ¬æ skodelice vode

Zmešajte jajca, moko, sol in poper. V testo vrzi kozice. Olje segrejemo in na njem zlato ocvremo kozice. Medtem segrejemo olje in pražimo čebulo 1 minuto. Preostale sestavine zmešajte v pasto, vmešajte čebulo in med mešanjem kuhajte, dokler se omaka ne zgosti. Kozice odcedimo in razporedimo na segret servirni krožnik. Prelijemo z omako in takoj postrežemo.

Mandarina s kozicami z grahom

Za 4 porcije

60 ml / 4 žlice arašidovega olja (arašidov)

1 strok česna, mlet

1 rezina ingverjeve korenine, mleto

450 g/1 funt olupljenih kozic

30 ml / 2 žlici riževega vina ali suhega šerija

225 g zamrznjenega graha, odmrznjenega

30 ml / 2 žlici sojine omake

15 ml / 1 žlica koruzne moke (koruznega škroba)

45 ml / 3 žlice vode

Segrejte olje in na njem prepražite česen in ingver, da rahlo zlato zarumenita. Dodamo kozice in pražimo 1 minuto. Dodajte vino ali šeri in dobro premešajte. Dodamo grah in ga pražimo 5 minut. Dodamo ostale sestavine in pražimo 2 minuti.

Kozice po pekinško

Za 4 porcije

30 ml / 2 žlici arašidovega olja (arašidov)

2 stroka česna, zdrobljena

1 rezina ingverjeve korenine, drobno sesekljane

225 g olupljenih kozic

4 mlade čebule (glava čebula), narezane na debelo

120 ml/4 fl oz/¬Ω skodelice piščančje juhe

5 ml / 1 žlička rjavega sladkorja

5 ml/1 žlička sojine omake

5 ml/1 žlička hoisin omake

5 ml / 1 žlička tabasko omake

Segrejemo olje s česnom in ingverjem ter pražimo toliko časa, da česen rahlo porjavi. Dodamo kozice in pražimo 1 minuto. Dodamo drobnjak in pražimo 1 minuto. Dodamo preostale sestavine, zavremo, pokrijemo in med občasnim mešanjem kuhamo 4 minute. Preverite začimbe in po želji dodajte še malo omake tabasco.

kozice s papriko

Za 4 porcije

30 ml / 2 žlici arašidovega olja (arašidov)

1 zelena paprika, narezana na koščke

450 g/1 funt olupljenih kozic

10 ml / 2 žlički koruzne moke (koruznega škroba)

60 ml / 4 žlice vode

5 ml/1 čajna žlička riževega vina ali suhega šerija

2,5 ml/¬Ω čajna žlička soli

45 ml / 2 žlici paradižnikove mezge (pasta)

Segrejte olje in papriko pražite 2 minuti. Dodamo kozice in paradižnikovo mezgo ter dobro premešamo. Zmešajte vodo iz koruzne moke, vino ali šeri in sol, da nastane pasta, premešajte v ponev in med mešanjem kuhajte, dokler omaka ni bistra in zgoščena.

Kozice, popečene s svinjino

Za 4 porcije

225 g olupljenih kozic

100 g/4 oz puste svinjine, narezane na koščke

60 ml / 4 žlice riževega vina ali suhega šerija

1 beljak

45 ml / 3 žlice koruzne moke (koruzni škrob)

5 ml/1 žlička soli

15 ml / 1 žlica vode (neobvezno)

90 ml / 6 žlic arašidovega olja

45 ml / 3 žlice ribje osnove

5 ml/1 žlička sezamovega olja

Kozice in svinjino dajte v ločene sklede. Zmešajte 45 ml / 3 žlice vina ali šerija, jajčni beljak, 30 ml / 2 žlici koruzne moke in sol, da dobite ohlapno testo, po potrebi dodajte vodo. Mešanico razdelite med svinjino in kozice ter dobro premešajte, da se enakomerno prekrije. Segrejte olje in pražite svinjino in kozice nekaj minut, da zlato rjavo zapečejo. Odstranite iz ponve in vlijte vse razen 15 ml/1 žlico olja. Dodajte juho v ponev s preostalim vinom ali šerijem in koruzno moko. Zavremo in med mešanjem kuhamo toliko časa, da se omaka zgosti. Prelijemo čez kozice in svinjino ter postrežemo poškropljeno s sezamovim oljem.

Ocvrte kozice s sherry omako

Za 4 porcije

50 g/2 oz/¬Ω skodelica navadne moke (univerzalna)

2,5 ml/¬Ω čajna žlička soli

1 jajce, rahlo stepeno

30 ml / 2 žlici vode

450 g/1 funt olupljenih kozic

olje za cvrtje

15 ml / 1 žlica arašidovega olja

1 čebula, drobno sesekljana

45 ml / 3 žlice riževega vina ali suhega šerija

15 ml / 1 žlica sojine omake

120 ml/4 fl oz/¬Ω skodelice ribje juhe

10 ml / 2 žlički koruzne moke (koruznega škroba)

30 ml / 2 žlici vode

Iz moke, soli, jajca in vode stepemo testo, po potrebi dodamo še malo vode. Premešajte s kozicami, dokler niso dobro prekrite. Segrejte olje in pražite kozice nekaj minut, da postanejo hrustljave in zlatorjave. Odcedite na kuhinjskem papirju in položite na segret krožnik. Medtem segrejemo olje in prepražimo čebulo, da oveni. Dodajte vino ali šeri, sojino omako in juho, zavrite in kuhajte 4 minute. Koruzni zdrob in vodo stepajte skupaj, dokler ne nastane pasta, stresite v ponev in med mešanjem kuhajte, dokler omaka ni bistra in zgoščena. Z omako prelijemo kozice in postrežemo.

Ocvrte kozice s sezamom

Za 4 porcije

450 g/1 funt olupljenih kozic

¬Ω jajčni beljak

5 ml/1 žlička sojine omake

5 ml/1 žlička sezamovega olja

50 g/2 oz/¬Ω skodelice koruznega zdroba (koruznega škroba)

sol in sveže mlet beli poper

olje za cvrtje

60 ml/4 žlice sezamovih semen

solatni listi

Kozice zmešamo z beljakom, sojino omako, sezamovim oljem, koruzno moko, soljo in poprom. Če je zmes pregosta, dodajte malo vode. Segrejemo olje in pražimo kozice nekaj minut, da rahlo zlato porjavijo. Medtem v suhi ponvi na kratko popražimo sezamovo seme, da zlato rjavo popečemo. Kozice odcedimo in zmešamo s sezamom. Postrežemo na posteljici iz zelene solate.

Kozice, popečene v lupini

Za 4 porcije

60 ml / 4 žlice arašidovega olja (arašidov)

750 g/1¬Ω lb kozic brez lupine

3 mlade čebule (glava čebula), sesekljane

3 rezine ingverjeve korenine, sesekljane

2,5 ml/¬Ω čajna žlička soli

15 ml / 1 žlica riževega vina ali suhega šerija

120 ml/4 fl oz/¬Ω skodelica paradižnikovega kečapa (catsup)

15 ml / 1 žlica sojine omake

15 ml / 1 žlica sladkorja

15 ml / 1 žlica koruzne moke (koruznega škroba)

60 ml / 4 žlice vode

Segrejte olje in pražite kozice 1 minuto, če so kuhane, oziroma dokler ne porjavijo, če so surove. Dodajte mlado čebulo, ingver, sol in vino ali šeri ter med mešanjem pražite 1 minuto. Dodajte paradižnikov kečap, sojino omako in sladkor ter pražite 1 minuto. Zmešajte koruzno moko in vodo, vmešajte v ponev in med mešanjem kuhajte, dokler se omaka ne posvetli in zgosti.

ocvrte kozice

Za 4 porcije

75 g / 3 oz / zvrhane ¬° skodelice koruznega zdroba (koruznega škroba)

1 beljak

5 ml/1 čajna žlička riževega vina ali suhega šerija

sol

350 g / 12 oz olupljenih kozic

olje za cvrtje

Koruzni zdrob, beljake, vino ali šeri in ščepec soli stepemo v gosto testo. Kozice potopite v testo, dokler niso dobro prekrite. Olje segrejemo na zmerno vročino in pražimo kozice nekaj minut, da zlato zarumenijo. Odstranite iz olja, ponovno segrejte, dokler se ne segreje, in kozice ponovno prepražite, da postanejo hrustljave in zlate.

tempura s kozicami

Za 4 porcije

450 g/1 funt olupljenih kozic

30 ml / 2 žlici navadne moke (univerzalne)

30 ml / 2 žlici koruzne moke (koruzni škrob)

30 ml / 2 žlici vode

2 jajci, pretepeni

olje za cvrtje

Kozico prerežite na pol vzdolž notranje krivulje in odprite, da dobite obliko metulja. Zmešajte moko, koruzni škrob in vodo, dokler ne nastane testo in dodajte jajca. Olje segrejemo in na njem zlato ocvremo kozice.

sub gumi

Za 4 porcije

30 ml / 2 žlici arašidovega olja (arašidov)

2 mladi čebuli (glava čebula), sesekljani

1 strok česna, zdrobljen

1 rezina ingverjeve korenine, mleto

100 g / 4 oz piščančjih prsi, narezanih na trakove

100 g šunke, narezane na trakove

100 g / 4 oz bambusovih poganjkov, narezanih na trakove

100 g / 4 oz vodnega kostanja, narezanega na trakove

225 g olupljenih kozic

30 ml / 2 žlici sojine omake

30 ml / 2 žlici riževega vina ali suhega šerija

5 ml/1 žlička soli

5 ml/1 žlička sladkorja

5 ml / 1 žlička koruzne moke (koruznega škroba)

Segrejte olje in na njem prepražite čebulo, česen in ingver, da rahlo zlato porumenijo. Dodajte piščanca in pražite 1 minuto. Dodamo šunko, bambusove poganjke in vodni kostanj ter pražimo 3 minute. Dodamo kozice in pražimo 1 minuto. Dodajte sojino omako, vino ali šeri, sol in sladkor ter pražite 2 minuti.

Koruzni zdrob zmešamo z malo vode, stresemo v ponev in med mešanjem kuhamo 2 minuti.

Kozice s tofujem

Za 4 porcije

45 ml / 3 žlice arašidovega olja (arašidov)

225 g / 8 oz tofuja, narezanega na kocke

1 šalotka (popečasta čebula), sesekljana

1 strok česna, zdrobljen

15 ml / 1 žlica sojine omake

5 ml/1 žlička sladkorja

90 ml / 6 žlic ribje osnove

225 g olupljenih kozic

15 ml / 1 žlica koruzne moke (koruznega škroba)

45 ml / 3 žlice vode

Segrejte polovico olja in prepražite tofu, da rahlo porjavi, nato ga odstranite iz ponve. Segrejte preostalo olje in na njem prepražite čebulo in česen, da rahlo porjavita. Dodamo sojino omako, sladkor in juho ter zavremo. Dodamo kozice in na majhnem ognju mešamo 3 minute. Zmešajte koruzni zdrob in vodo, dokler ne nastane pasta, vmešajte v ponev in med mešanjem kuhajte, dokler se omaka ne zgosti. Tofu vrnite v ponev in počasi kuhajte, dokler se ne segreje.

kozice s paradižnikom

Za 4 porcije

2 beljaka

30 ml / 2 žlici koruzne moke (koruzni škrob)

5 ml/1 žlička soli

450 g/1 funt olupljenih kozic

olje za cvrtje

30 ml / 2 žlici riževega vina ali suhega šerija

225 g / 8 oz paradižnikov, olupljenih, brez semen in narezanih na kocke

Beljake, koruzni zdrob in sol stepemo v sneg. Mešajte v kozicah, dokler niso dobro prekrite. Segrejte olje in pražite kozice, dokler niso kuhane. Nalijte vse razen 15 ml/1 žlico olja in ponovno segrejte. Dodajte vino ali šeri in paradižnik ter zavrite. Dodamo kozice in pred serviranjem na hitro segrejemo.

Kozice s paradižnikovo omako

Za 4 porcije

30 ml / 2 žlici arašidovega olja (arašidov)

1 strok česna, zdrobljen

2 rezini ingverjeve korenine, sesekljane

2,5 ml/¬Ω čajna žlička soli

15 ml / 1 žlica riževega vina ali suhega šerija

15 ml / 1 žlica sojine omake

6 ml / 4 žlice paradižnikovega kečapa (catsup)

120 ml/4 fl oz/¬Ω skodelice ribje juhe

350 g / 12 oz olupljenih kozic

10 ml / 2 žlički koruzne moke (koruznega škroba)

30 ml / 2 žlici vode

Segrejte olje in na njem 2 minuti pražite česen, ingver in sol. Dodajte vino ali šeri, sojino omako, paradižnikov kečap in juho ter zavrite. Dodamo kozico, pokrijemo in kuhamo 2 minuti. Koruzni zdrob in vodo stepajte skupaj, dokler ne nastane pasta, stresite v ponev in med mešanjem kuhajte, dokler omaka ni bistra in zgoščena.

Kozice s paradižnikovo in poprovo omako

Za 4 porcije

60 ml / 4 žlice arašidovega olja (arašidov)

15 ml / 1 žlica mletega ingverja

15 ml / 1 žlica mletega česna

15 ml / 1 žlica sesekljanega drobnjaka

60 ml/4 žlice paradižnikove mezge (pasta)

15 ml / 1 žlica čilijeve omake

450 g/1 funt olupljenih kozic

15 ml / 1 žlica koruzne moke (koruznega škroba)

15 ml / 1 žlica vode

Segrejte olje in na njem 1 minuto pražite ingver, česen in drobnjak. Dodamo paradižnikovo mezgo in čili omako ter dobro premešamo. Dodamo kozice in pražimo 2 minuti. Zmešajte koruzni zdrob in vodo, dokler ne nastane pasta, premešajte v ponvi in kuhajte, dokler se omaka ne zgosti. Postrezite takoj.

Ocvrte kozice s paradižnikovo omako

Za 4 porcije

50 g/2 oz/¬Ω skodelica navadne moke (univerzalna)

2,5 ml/¬Ω čajna žlička soli

1 jajce, rahlo stepeno

30 ml / 2 žlici vode

450 g/1 funt olupljenih kozic

olje za cvrtje

30 ml / 2 žlici arašidovega olja (arašidov)

1 čebula, drobno sesekljana

2 rezini ingverjeve korenine, sesekljane

75 ml / 5 žlic paradižnikovega kečapa (catsup)

10 ml / 2 žlički koruzne moke (koruznega škroba)

30 ml / 2 žlici vode

Iz moke, soli, jajca in vode stepemo testo, po potrebi dodamo še malo vode. Premešajte s kozicami, dokler niso dobro prekrite. Segrejte olje in pražite kozice nekaj minut, da postanejo hrustljave in zlatorjave. Odcedimo na kuhinjskem papirju.

Medtem segrejemo olje in prepražimo čebulo in ingver do mehkega. Dodajte paradižnikov ketchup in kuhajte 3 minute. Zmešajte koruzni zdrob in vodo, dokler ne nastane pasta, vmešajte v ponev in med mešanjem kuhajte, dokler se omaka ne zgosti. V ponev dodajte kozico in kuhajte, dokler se ne segreje. Postrezite takoj.

kozice z zelenjavo

Za 4 porcije

15 ml / 1 žlica arašidovega olja

225 g cvetov brokolija

225 g šampinjonov

225 g / 8 oz bambusovih poganjkov, narezanih

450 g/1 funt olupljenih kozic

120 ml/4 fl oz/¬Ω skodelice piščančje juhe

5 ml / 1 žlička koruzne moke (koruznega škroba)

5 ml/1 žlička ostrigine omake

2,5 ml/¬Ω čajna žlička sladkorja

2,5 ml/¬Ω žličke naribane korenine ingverja

ščepec sveže mletega popra

Segrejte olje in na njem dušite brokoli 1 minuto. Dodajte gobe in bambusove poganjke ter pražite 2 minuti. Dodamo kozice in pražimo 2 minuti. Združite preostale sestavine in jih vmešajte v mešanico za kozice. Med mešanjem zavremo, nato med stalnim mešanjem kuhamo 1 minuto.

Kozice z vodnim kostanjem

Za 4 porcije

60 ml / 4 žlice arašidovega olja (arašidov)

1 strok česna, mlet

1 rezina ingverjeve korenine, mleto

450 g/1 funt olupljenih kozic

30 ml / 2 žlici riževega vina ali suhega šerija 225 g / 8 oz

vodnega kostanja, narezanega

30 ml / 2 žlici sojine omake

15 ml / 1 žlica koruzne moke (koruznega škroba)

45 ml / 3 žlice vode

Segrejte olje in na njem prepražite česen in ingver, da rahlo zlato zarumenita. Dodamo kozice in pražimo 1 minuto. Dodajte vino ali šeri in dobro premešajte. Dodamo vodni kostanj in pražimo 5 minut. Dodamo ostale sestavine in pražimo 2 minuti.

Kozice Wontons

Za 4 porcije

450 g/lb olupljenih kozic, narezanih

225 g / 8 oz mešane zelenjave, sesekljane

15 ml / 1 žlica sojine omake

2,5 ml/¬Ω čajna žlička soli

nekaj kapljic sezamovega olja

40 preoblek wonton

olje za cvrtje

Zmešajte kozice, zelenjavo, sojino omako, sol in sezamovo olje.

Wontone zložite tako, da kožo primete v dlan leve roke in na sredino položite malo nadeva. Robove navlažite z jajcem in kožo zložite v trikotnik, robove zalepite. Vogale navlažite z jajcem in jih zvijte skupaj.

Segrejte olje in pražite wontončke po nekaj naenkrat do zlato rjave barve. Pred serviranjem dobro odcedimo.

abalone s piščancem

Za 4 porcije

400 g/14 oz konzervirano morsko uho

30 ml / 2 žlici arašidovega olja (arašidov)

100 g / 4 oz piščančjih prsi, narezanih na kocke

100 g / 4 oz bambusovih poganjkov, narezanih

250 ml / 8 fl oz / 1 skodelica ribje osnove

15 ml / 1 žlica riževega vina ali suhega šerija

5 ml/1 žlička sladkorja

2,5 ml/¬Ω čajna žlička soli

15 ml / 1 žlica koruzne moke (koruznega škroba)

45 ml / 3 žlice vode

Odcedite in narežite abalone, sok pa prihranite. Olje segrejemo in piščanca rahlo popečemo. Dodajte abalone in bambusove poganjke ter pražite 1 minuto. Dodajte tekočino iz ušes, juho, vino ali šeri, sladkor in sol, zavrite in kuhajte 2 minuti. Zmešajte koruzni zdrob in vodo, dokler ne nastane pasta, in med mešanjem kuhajte, dokler omaka ni bistra in zgoščena. Postrezite takoj.

abalone s šparglji

Za 4 porcije

10 kitajskih suhih gob

30 ml / 2 žlici arašidovega olja (arašidov)

15 ml / 1 žlica vode

225 g / 8 oz špargljev

2,5 ml/¬Ω žličke ribje omake

15 ml / 1 žlica koruzne moke (koruznega škroba)

225 g / 8 oz konzerviranega abalona, narezanega

60 ml / 4 žlice juhe

¬Ω majhen korenček, narezan

5 ml/1 žlička sojine omake

5 ml/1 žlička ostrigine omake

5 ml/1 čajna žlička riževega vina ali suhega šerija

Gobe za 30 minut namočimo v topli vodi in odcedimo. Zavrzite peclje. 15 ml/1 žlica olja segrejte z vodo in pražite gobje klobuke 10 minut. Medtem kuhajte šparglje v vreli vodi z ribjo omako in 5 ml/1 žličko koruznega zdroba, dokler se ne zmehčajo. Dobro odcedimo in z gobami razporedimo na segret servirni krožnik. Naj bodo na toplem. Segrejte preostalo olje in nekaj sekund pražite abalone, nato dodajte juho, korenje, sojino omako, omako iz ostrig, vino ali šeri in preostalo koruzno moko. Kuhajte približno 5 minut, dokler niso kuhani, nato prelijte šparglje in postrezite.

morsko uho z gobami

Za 4 porcije

6 kitajskih suhih gob

400 g/14 oz konzervirano morsko uho

45 ml / 3 žlice arašidovega olja (arašidov)

2,5 ml/¬Ω čajna žlička soli

15 ml / 1 žlica riževega vina ali suhega šerija

3 mlade čebule (glava čebula), narezane na debelo

Gobe za 30 minut namočimo v topli vodi in odcedimo. Zavrzite peclje in odrežite vrhove. Odcedite in narežite abalone, sok pa prihranite. Segrejte olje in na njem 2 minuti pražite sol in gobe. Dodajte tekočino abalona in šeri, zavrite, pokrijte in kuhajte 3 minute. Dodajte morsko uho in mlado čebulo ter kuhajte, dokler se ne segreje. Postrezite takoj.

Abalone z omako iz ostrig

Za 4 porcije

400 g/14 oz konzervirano morsko uho

15 ml / 1 žlica koruzne moke (koruznega škroba)

15 ml / 1 žlica sojine omake

45 ml / 3 žlice ostrigine omake

30 ml / 2 žlici arašidovega olja (arašidov)

50 g/2 oz prekajene šunke, sesekljane

Odcedite pločevinko abalona in prihranite 90 ml/6 žlic tekočine. To zmešajte s koruzno moko, sojino omako in ostrigovo omako. Olje segrejemo in na njem 1 minuto pražimo odcejene abalone.

Vmešajte mešanico omake in med mešanjem kuhajte približno 1 minuto, dokler se ne segreje. Prestavimo na segret krožnik in postrežemo okrašeno s pršutom.

Dušene školjke

Za 4 porcije

24 školjk

Školjke dobro skrtačite in jih za nekaj ur namočite v slano vodo. Operemo pod tekočo vodo in zložimo v plitvo ognjevarno posodo. Postavite na rešetko v soparnik, pokrijte in kuhajte v vreli vodi približno 10 minut, dokler se vse školjke ne odprejo. Zavrzite vse, kar ostane zaprto. Postrežemo z omakami.

Školjke s fižolovimi kalčki

Za 4 porcije

24 školjk

15 ml / 1 žlica arašidovega olja

150 g / 5 oz fižolovih kalčkov

1 zelena paprika, narezana na trakove

2 mladi čebuli (glava čebula), sesekljani

15 ml / 1 žlica riževega vina ali suhega šerija

sol in sveže mlet poper

2,5 ml/¬Ω žličke sezamovega olja

50 g/2 oz prekajene šunke, sesekljane

Školjke dobro skrtačite in jih za nekaj ur namočite v slano vodo. Izperite pod tekočo vodo. Zavremo posodo z vodo, dodamo školjke in kuhamo nekaj minut, da se odprejo. Odcedite in zavrzite vse, kar ostane zaprto. Školjke odstranite iz lupin.

Segrejte olje in pražite fižolove kalčke 1 minuto. Dodamo poper in drobnjak ter pražimo 2 minuti. Dodajte vino ali šeri ter začinite s soljo in poprom. Segrejte, nato vmešajte školjke in mešajte, dokler se dobro ne premešajo in segrejejo. Prestavimo na segret krožnik in postrežemo pokapano s sezamovim oljem in pršutom.

Školjke z ingverjem in česnom

Za 4 porcije

24 školjk

15 ml / 1 žlica arašidovega olja

2 rezini ingverjeve korenine, sesekljane

2 stroka česna, zdrobljena

15 ml / 1 žlica vode

5 ml/1 žlička sezamovega olja

sol in sveže mlet poper

Školjke dobro skrtačite in jih za nekaj ur namočite v slano vodo. Izperite pod tekočo vodo. Segrejte olje in na njem 30 sekund pražite ingver in česen. Dodajte školjke, vodo in sezamovo olje, pokrijte in kuhajte približno 5 minut, dokler se školjke ne odprejo. Zavrzite vse, kar ostane zaprto. Rahlo začinite s soljo in poprom ter takoj postrezite.

ocvrte školjke

Za 4 porcije

24 školjk

60 ml / 4 žlice arašidovega olja (arašidov)

4 stroki česna, sesekljani

1 čebula, mleto

2,5 ml/¬Ω čajna žlička soli

Školjke dobro skrtačite in jih za nekaj ur namočite v slano vodo. Izperite pod tekočo vodo in nato posušite. Segrejemo olje in na njem zlato prepražimo česen, čebulo in sol. Dodajte školjke, pokrijte in kuhajte na majhnem ognju približno 5 minut, dokler se vse školjke ne odprejo. Zavrzite vse, kar ostane zaprto. Na rahlo pražimo še 1 minuto, polivamo z oljem.

pogače iz rakov

Za 4 porcije

225 g / 8 oz fižolovih kalčkov

60 ml/4 žlice arašidovega olja 100 g bambusovih poganjkov, narezanih na trakove

1 sesekljano čebulo

225 g / 8 oz rakovega mesa, v kosmičih

4 rahlo stepena jajca

15 ml / 1 žlica koruzne moke (koruznega škroba)

30 ml / 2 žlici sojine omake

sol in sveže mlet poper

Fižolove kalčke blanširamo v vreli vodi 4 minute in odcedimo. Segrejte polovico olja in prepražite fižolove kalčke, bambusove poganjke in čebulo do mehkega. Odstavite z ognja in primešajte ostale sestavine, razen olja. V čisti ponvi segrejemo preostalo olje in na njem po žlicah prepražimo mešanico rakovega mesa, da dobimo polpetke. Popecite, dokler rahlo ne porjavi na obeh straneh in takoj postrezite.

krema iz rakov

Za 4 porcije

225 g / 8 oz rakovega mesa

5 stepenih jajc

1 drobno sesekljana šalotka (popestota).

250 ml / 8 fl oz / 1 skodelica vode

5 ml/1 žlička soli

5 ml/1 žlička sezamovega olja

Vse sestavine dobro premešamo. Postavite v skledo, pokrijte in postavite na toplo vodo nad vročo vodo ali na rešetko za paro. Kuhajte na pari približno 35 minut do kremaste konsistence in občasno premešajte. Postrezite z rižem.

Rakovo meso s kitajskimi listi

Za 4 porcije

450 g / 1 lb kitajskih listov, sesekljanih

45 ml / 3 žlice rastlinskega olja

2 mladi čebuli (glava čebula), sesekljani

225 g / 8 oz rakovega mesa

15 ml / 1 žlica sojine omake

15 ml / 1 žlica riževega vina ali suhega šerija

5 ml/1 žlička soli

Kitajske liste blanširajte v vreli vodi 2 minuti, dobro odcedite in operite v hladni vodi. Segrejte olje in na njem rahlo zlato prepražite šalotko. Dodamo rakovo meso in pražimo 2 minuti. Dodamo kitajske liste in pražimo 4 minute. Dodajte sojino omako, vino ali sherry in sol ter dobro premešajte. Dodajte juho in koruzni zdrob, zavrite in med mešanjem kuhajte 2 minuti, dokler se omaka ne posvetli in zgosti.

Rakovica Foo Yung s fižolovimi kalčki

Za 4 porcije

6 stepenih jajc

45 ml / 3 žlice koruzne moke (koruzni škrob)

225 g / 8 oz rakovega mesa

100 g / 4 oz fižolovih kalčkov

2 mladi čebuli (glava čebula), drobno sesekljani

2,5 ml/¬Ω čajna žlička soli

45 ml / 3 žlice arašidovega olja (arašidov)

Stepite jajca in nato še koruzno moko. Zmešajte preostale sestavine razen olja. Segrejte olje in zmes po malem vlijte v ponev, da naredite majhne palačinke s premerom približno 3 cm. Cvremo do zlate barve na dnu, obrnemo in zapečemo še drugo stran.

Rakovica z ingverjem

Za 4 porcije

15 ml / 1 žlica arašidovega olja

2 rezini ingverjeve korenine, sesekljane

4 mlade čebule (glava čebula), sesekljane

3 stroki česna, strti

1 mleta rdeča paprika čili

350 g / 12 oz rakovega mesa, v kosmičih

2,5 ml/¬Ω žlička ribje paste

2,5 ml/¬Ω žličke sezamovega olja

15 ml / 1 žlica riževega vina ali suhega šerija

5 ml / 1 žlička koruzne moke (koruznega škroba)

15 ml / 1 žlica vode

Segrejte olje in na njem 2 minuti pražite ingver, mlado čebulo, česen in poper. Dodajte rakovo meso in mešajte, dokler ni dobro prekrito z začimbami. Dodajte ribjo pasto. Preostale sestavine zmešajte v pasto, nato jih stresite v ponev in pražite 1 minuto. Postrezite takoj.

Rakovica Lo Mein

Za 4 porcije

100 g / 4 oz fižolovih kalčkov

30 ml / 2 žlici arašidovega olja (arašidov)

5 ml/1 žlička soli

1 čebula, narezana

100 g/4 oz narezanih gob

225 g / 8 oz rakovega mesa, v kosmičih

100 g / 4 oz bambusovih poganjkov, narezanih

Vrženi rezanci

30 ml / 2 žlici sojine omake

5 ml/1 žlička sladkorja

5 ml/1 žlička sezamovega olja

sol in sveže mlet poper

Fižolove kalčke blanširamo v vreli vodi 5 minut in odcedimo. Segrejte olje in na njem zlato prepražite sol in čebulo. Dodamo gobe in pražimo do mehkega. Dodamo rakovo meso in pražimo 2 minuti. Dodajte fižolove kalčke in bambusove poganjke ter pražite 1 minuto. V ponev dodamo odcejene testenine in jih nežno premešamo. Zmešajte sojino omako, sladkor in sezamovo olje ter začinite s soljo in poprom. Mešajte v ponvi, dokler se ne segreje.

Ocvrt rak s svinjino

Za 4 porcije

30 ml / 2 žlici arašidovega olja (arašidov)

100 g/4 oz mlete svinjine (mlete)

350 g / 12 oz rakovega mesa, v kosmičih

2 rezini ingverjeve korenine, sesekljane

2 rahlo stepena jajca

15 ml / 1 žlica sojine omake

15 ml / 1 žlica riževega vina ali suhega šerija

30 ml / 2 žlici vode

sol in sveže mlet poper

4 mlade čebule (glava čebula), narezane na trakove

Segrejte olje in pražite svinjino, da rahlo porjavi. Dodajte rakovo meso in ingver ter pražite 1 minuto. Zmešajte jajca. Dodajte sojino omako, vino ali šeri, vodo, sol in poper ter med mešanjem kuhajte približno 4 minute. Postrežemo okrašeno z drobnjakom.

ocvrto rakovo meso

Za 4 porcije

30 ml / 2 žlici arašidovega olja (arašidov)

450 g/1 lb rakovega mesa, v kosmičih

2 mladi čebuli (glava čebula), sesekljani

2 rezini ingverjeve korenine, sesekljane

30 ml / 2 žlici sojine omake

30 ml / 2 žlici riževega vina ali suhega šerija

2,5 ml/¬Ω čajna žlička soli

15 ml / 1 žlica koruzne moke (koruznega škroba)

60 ml / 4 žlice vode

Segrejte olje in na njem 1 minuto pražite rakovo meso, mlado čebulo in ingver. Dodajte sojino omako, vino ali šeri in sol, pokrijte in kuhajte 3 minute. Koruzni zdrob in vodo stepajte skupaj, dokler ne nastane pasta, stresite v ponev in med mešanjem kuhajte, dokler omaka ni bistra in zgoščena.

ocvrte sipine kroglice

Za 4 porcije

450 g/1 lb sipe

50 g/2 oz masti, pire

1 beljak

2,5 ml/¬Ω čajna žlička sladkorja

2,5 ml/¬Ω žličke koruznega zdroba (koruznega škroba)

sol in sveže mlet poper

olje za cvrtje

Sipo obrežite in jo zdrobite ali pretlačite v kašo. Zmešamo z mastjo, beljakom, sladkorjem in koruzno moko ter začinimo s soljo in poprom. Zmes stisnite v majhne kroglice. Segrejte olje in pecite sipine ocvrtke, po potrebi v porcijah, da priplavajo na vrh olja in zlato rjavo zapečejo. Dobro odcedite in takoj postrezite.

Kantonski jastog

Za 4 porcije

2 jastoga

30 ml/2 žlici olja

15 ml / 1 žlica omake iz črnega fižola

1 strok česna, zdrobljen

1 sesekljano čebulo

225 g / 8 oz mlete svinjine (mlete)

45 ml / 3 žlice sojine omake

5 ml/1 žlička sladkorja

sol in sveže mlet poper

15 ml / 1 žlica koruzne moke (koruznega škroba)

75 ml / 5 žlic vode

1 jajce, pretepeno

Jastoge odpremo, odstranimo meso in narežemo na 2,5 cm/1 cm velike kocke. Segrejte olje in prepražite omako iz črnega fižola, česna in čebule, da rahlo porjavi. Dodamo svinjino in pražimo do zlato rjave barve. Dodamo sojino omako, sladkor, sol, poper in jastoga, pokrijemo in kuhamo približno 10 minut. Koruzni zdrob in vodo stepajte skupaj, dokler ne nastane pasta, stresite v ponev in med mešanjem kuhajte, dokler omaka ni bistra in zgoščena. Ugasnite ogenj in pred serviranjem vmešajte jajce.

ocvrtega jastoga

Za 4 porcije

450 g/1 funt jastogovega mesa

30 ml / 2 žlici sojine omake

5 ml/1 žlička sladkorja

1 jajce, pretepeno

30 ml / 3 žlice večnamenske moke (univerzalna)

olje za cvrtje

Meso jastoga narežite na 2,5 cm/1 cm velike kocke in premešajte s sojino omako in sladkorjem. Pustite počivati 15 minut in nato odcedite. Razžvrkljajte jajce in moko, nato dodajte jastoga in dobro premešajte, da se prekrije. Olje segrejemo in jastoga zlato rjavo ocvremo. Pred serviranjem odcedimo na kuhinjskem papirju.

Dušen jastog s šunko

Za 4 porcije

4 rahlo stepena jajca

60 ml / 4 žlice vode

5 ml/1 žlička soli

15 ml / 1 žlica sojine omake

450 g/1 lb mesa jastoga, narezanega na rezine

15 ml / 1 žlica sesekljane prekajene šunke

15 ml/1 žlica sesekljanega svežega peteršilja

Jajca stepemo z vodo, soljo in sojino omako. Prelijemo v toplotno odporno skledo in potresemo z mesom jastoga. Skledo postavite na rešetko v soparniku, pokrijte in kuhajte na pari 20 minut, dokler se jajca ne strdijo. Postrežemo okrašeno s šunko in peteršiljem.

Jastog z gobami

Za 4 porcije

450 g/1 funt jastogovega mesa

15 ml / 1 žlica koruzne moke (koruznega škroba)

60 ml / 4 žlice vode

30 ml / 2 žlici arašidovega olja (arašidov)

4 mlade čebule (glava čebula), narezane na debelo

100 g/4 oz narezanih gob

2,5 ml/¬Ω čajna žlička soli

1 strok česna, zdrobljen

30 ml / 2 žlici sojine omake

15 ml / 1 žlica riževega vina ali suhega šerija

Meso jastoga narežite na 2,5 cm/1. Zmešajte koruzno moko in vodo, dokler ne nastane pasta, in v mešanico stresite kocke jastoga, da jih prekrijete. Segrejte polovico olja in prepražite kocke jastoga, da rahlo porjavijo, odstranite jih iz ponve. Segrejte preostalo olje in prepražite šalotko, da rahlo porjavi. Dodamo gobe in pražimo 3 minute. Dodajte sol, česen, sojino omako in vino ali šeri ter med mešanjem pražite 2 minuti. Jastoga vrnite v ponev in pražite, dokler se ne segreje.

Jastogovi repki s svinjino

Za 4 porcije

3 kitajske suhe gobe

4 jastogovi repi

60 ml / 4 žlice arašidovega olja (arašidov)

100 g/4 oz mlete svinjine (mlete)

50 g / 2 oz vodnega kostanja, drobno sesekljanega

sol in sveže mlet poper

2 stroka česna, zdrobljena

45 ml / 3 žlice sojine omake

30 ml / 2 žlici riževega vina ali suhega šerija

30 ml / 2 žlici omake iz črnega fižola

10 ml / 2 žlici koruzne moke (koruznega škroba)

120 ml/4 fl oz/¬Ω skodelice vode

Gobe za 30 minut namočimo v topli vodi in odcedimo. Odvrzite peclje in sesekljajte vršičke. Jastogove repe po dolžini prerežemo na pol. Odstranite meso iz repov jastoga, lupine pa prihranite. Segrejte polovico oljčnega olja in pražite svinjino, da rahlo porjavi. Odstavimo z ognja in vmešamo gobe, meso jastoga, vodni kostanj, sol in poper. Meso vtisnite nazaj v lupine jastoga in razporedite v pekač. Postavite na rešetko v soparnik, pokrijte in kuhajte na pari približno 20 minut, dokler ni kuhan. Medtem segrejte preostalo olje in na njem 2 minuti med mešanjem pražite česen, sojino omako, vino ali šeri in omako iz črnega fižola. Zmešajte koruzni zdrob in vodo, dokler ne nastane pasta, vmešajte v ponev in med mešanjem kuhajte, dokler se omaka ne zgosti. Jastoga razporedimo na segret krožnik,

ocvrtega jastoga

Za 4 porcije

450 g / 1 lb repov jastoga

30 ml / 2 žlici arašidovega olja (arašidov)

1 strok česna, zdrobljen

2,5 ml/¬Ω čajna žlička soli

350 g / 12 oz fižolovih kalčkov

50 g šampinjonov

4 mlade čebule (glava čebula), narezane na debelo

150 ml/¬° pt/velika ¬Ω skodelica piščančje juhe

15 ml / 1 žlica koruzne moke (koruznega škroba)

Zavremo lonec vode, dodamo jastogove repke in pustimo vreti 1 minuto. Odcedimo, ohladimo, odstranimo kožo in narežemo na debele rezine. Segrejemo olivno olje s česnom in soljo ter pražimo toliko časa, da česen rahlo porjavi. Dodajte jastoga in pražite 1 minuto. Dodamo fižolove kalčke in gobe ter pražimo 1 minuto. Vmešajte drobnjak. Prilijemo večino juhe, zavremo, pokrijemo in kuhamo 3 minute. Koruzno moko zmešajte s preostalo osnovo, vmešajte v ponev in med mešanjem kuhajte, dokler se omaka ne posvetli in zgosti.

jastogova gnezda

Za 4 porcije

30 ml / 2 žlici arašidovega olja (arašidov)

5 ml/1 žlička soli

1 čebula, narezana na tanke rezine

100 g/4 oz narezanih gob

4 oz / 100 g bambusovih poganjkov, narezanih na 8 oz / 225 g

kuhanega jastogovega mesa

15 ml / 1 žlica riževega vina ali suhega šerija

120 ml/4 fl oz/¬Ω skodelice piščančje juhe

ščepec sveže mletega popra

10 ml / 2 žlički koruzne moke (koruznega škroba)

15 ml / 1 žlica vode

4 košarice rezancev

Segrejte olje in na njem zlato prepražite sol in čebulo. Dodajte gobe in bambusove poganjke ter pražite 2 minuti. Dodajte meso jastoga, vino ali šeri in juho, zavrite, pokrijte in kuhajte 2 minuti. Začinimo s poprom. Zmešajte koruzni zdrob in vodo, dokler ne nastane pasta, vmešajte v ponev in med mešanjem kuhajte, dokler se omaka ne zgosti. Gnezda rezancev razporedimo po toplem servirnem krožniku in obložimo z ocvrtim jastogom.

Školjke v omaki iz črnega fižola

Za 4 porcije

45 ml / 3 žlice arašidovega olja (arašidov)

2 stroka česna, zdrobljena

2 rezini ingverjeve korenine, sesekljane

30 ml / 2 žlici omake iz črnega fižola

15 ml / 1 žlica sojine omake

1,5 kg / 3 lb školjk, naribanih in obritih

2 mladi čebuli (glava čebula), sesekljani

Segrejte olje in na njem 30 sekund pražite česen in ingver. Dodamo omako iz črnega fižola in sojino omako ter med mešanjem pražimo 10 sekund. Dodajte školjke, pokrijte in kuhajte približno 6 minut, dokler se školjke ne odprejo. Zavrzite vse, kar ostane zaprto. Prestavimo na segret krožnik in postrežemo potreseno z drobnjakom.

Školjke z ingverjem

Za 4 porcije

45 ml / 3 žlice arašidovega olja (arašidov)

2 stroka česna, zdrobljena

4 rezine ingverjeve korenine, sesekljane

1,5 kg / 3 lb školjk, naribanih in obritih

45 ml / 3 žlice vode

15 ml / 1 žlica ostrigine omake

Segrejte olje in na njem 30 sekund pražite česen in ingver. Dodajte školjke in vodo, pokrijte in kuhajte približno 6 minut, dokler se školjke ne odprejo. Zavrzite vse, kar ostane zaprto. Prestavimo na segret krožnik in postrežemo pokapano z ostrigovo omako.

kuhane školjke

Za 4 porcije

1,5 kg / 3 lb školjk, naribanih in obritih

45 ml / 3 žlice sojine omake

3 mlade čebule (glava čebula), drobno sesekljane

Školjke razporedite na rešetko v soparniku, pokrijte in kuhajte v vreli vodi približno 10 minut, dokler se vse školjke ne odprejo. Zavrzite vse, kar ostane zaprto. Prestavimo na segret krožnik in postrežemo posuto s sojino omako in drobnjakom.

ocvrte ostrige

Za 4 porcije

24 ostrig, oluščenih

sol in sveže mlet poper

1 jajce, pretepeno

50 g/2 oz/¬Ω skodelica navadne moke (univerzalna)

250 ml / 8 fl oz / 1 skodelica vode

olje za cvrtje

4 mlade čebule (glava čebula), sesekljane

Ostrige potresemo s soljo in poprom. Jajce stepamo z moko in vodo, dokler ne dobimo testa, s katerim obložimo ostrige. Olje segrejemo in ostrige zlato rjavo prepražimo. Odcedimo na kuhinjskem papirju in postrežemo okrašeno z drobnjakom.

ostrige s slanino

Za 4 porcije

175 g / 6 unč slanine

24 ostrig, oluščenih

1 jajce, rahlo stepeno

15 ml / 1 žlica vode

45 ml / 3 žlice arašidovega olja (arašidov)

2 čebuli, sesekljani

15 ml / 1 žlica koruzne moke (koruznega škroba)

15 ml / 1 žlica sojine omake

90 ml / 6 žlic piščančje juhe

Slanino narežemo na koščke in okoli vsake ostrige ovijemo kos. Jajce stepemo z vodo in pomočimo v ostrige, da pokrijejo. Segrejemo polovico olja in na njem z obeh strani rahlo popečemo ostrige, ki jih poberemo iz ponve in odcedimo maščobo. Segrejte preostalo olje in prepražite čebulo do mehkega. Koruzni zdrob, sojino omako in osnovo stepamo, dokler ne nastane pasta, vlijemo v ponev in med mešanjem kuhamo, dokler se omaka ne posvetli in zgosti. Prelijemo čez ostrige in takoj postrežemo.

Ocvrte ostrige z ingverjem

Za 4 porcije

24 ostrig, oluščenih

2 rezini ingverjeve korenine, sesekljane

30 ml / 2 žlici sojine omake

15 ml / 1 žlica riževega vina ali suhega šerija

4 mlade čebule (glava čebula), narezane na trakove

100 g/4 oz slanine

1 jajce

50 g/2 oz/¬Ω skodelica navadne moke (univerzalna)

sol in sveže mlet poper

olje za cvrtje

1 limona, narezana na kolesca

Ostrige položite v skledo z ingverjem, sojino omako in vinom ali šerijem ter jih premešajte. Pustimo počivati 30 minut. Na vrh vsake ostrige položite nekaj trakov drobnjaka. Slanino narežemo na koščke in okoli vsake ostrige ovijemo kos. Jajce in moko stepamo, dokler ne dobimo testa, ki ga začinimo s soljo in poprom. Ostrige potopite v testo, dokler niso dobro prekrite. Olje segrejemo in ostrige zlato rjavo prepražimo. Postrežemo okrašeno z rezinami limone.

Ostrige z omako iz črnega fižola

Za 4 porcije

350 g / 12 oz oluščenih ostrig

120 ml/4 fl oz/¬Ω skodelice arašidovega olja (arašidov)

2 stroka česna, zdrobljena

3 mlade čebule (glava čebula), narezane na rezine

15 ml / 1 žlica omake iz črnega fižola

30 ml / 2 žlici temne sojine omake

15 ml / 1 žlica sezamovega olja

ščepec čilija v prahu

Ostrige blanširajte v vreli vodi 30 sekund in jih odcedite. Segrejte olje in na njem 30 sekund prepražite česen in drobnjak. Dodajte omako iz črnega fižola, sojino omako, sezamovo olje in ostrige ter po okusu začinite s čilijem v prahu. Pražite, dokler ni toplo in takoj postrezite.

Pokrovače s poganjki bambusa

Za 4 porcije

60 ml / 4 žlice arašidovega olja (arašidov)

6 mladih čebulic (glave čebule), sesekljane

225 g / 8 oz gob, narezanih na četrtine

15 ml / 1 žlica sladkorja

450 g/1 lb oluščenih pokrovač

2 rezini ingverjeve korenine, sesekljane

225 g / 8 oz bambusovih poganjkov, narezanih

sol in sveže mlet poper

300 ml/¬Ω pt/1 ¬ skodelice vode

30 ml/2 žlici vinskega kisa

30 ml / 2 žlici koruzne moke (koruzni škrob)

150 ml/¬° pt/velika ¬Ω skodelica vode

45 ml / 3 žlice sojine omake

Segrejte olje in pražite čebulo in gobe 2 minuti. Dodajte sladkor, pokrovače, ingver, bambusove poganjke, sol in poper, pokrijte in kuhajte 5 minut. Dodamo vodo in vinski kis, zavremo, pokrijemo in kuhamo 5 minut. Zmešajte koruzni zdrob in vodo, dokler ne nastane pasta, vmešajte v ponev in med mešanjem kuhajte, dokler se omaka ne zgosti. Začinimo s sojino omako in postrežemo.

pokrovače z jajcem

Za 4 porcije

45 ml / 3 žlice arašidovega olja (arašidov)

350 g oluščenih pokrovač

25 g/1 oz prekajene šunke, sesekljane

30 ml / 2 žlici riževega vina ali suhega šerija

5 ml/1 žlička sladkorja

2,5 ml/¬Ω čajna žlička soli

ščepec sveže mletega popra

2 rahlo stepena jajca

15 ml / 1 žlica sojine omake

Olje segrejemo in pokrovače pražimo 30 sekund. Dodamo šunko in pražimo 1 minuto. Dodajte vino ali šeri, sladkor, sol in poper ter pražite 1 minuto. Dodajte jajca in na močnem ognju nežno mešajte, dokler se sestavine dobro ne premešajo v jajce. Postrežemo posuto s sojino omako.

Pokrovače z brokolijem

Za 4 porcije

350g/12oz narezanih pokrovač

3 rezine ingverjeve korenine, sesekljane

¬Ω majhen korenček, narezan

1 strok česna, zdrobljen

45 ml / 3 žlice navadne moke (univerzalne)

2,5 ml/¬Ω čajna žlička sode bikarbone (soda bikarbona)

30 ml / 2 žlici arašidovega olja (arašidov)

15 ml / 1 žlica vode

1 banana, narezana

olje za cvrtje

275 g / 10 unč brokolija

sol

5 ml/1 žlička sezamovega olja

2,5 ml/¬Ω žličke čilijeve omake

2,5 ml/¬Ω žličke vinskega kisa

2,5 ml/¬Ω čajna žlička paradižnikove mezge (pasta)

Pokrovače zmešamo z ingverjem, korenjem in česnom ter odstavimo. Zmešajte moko, sodo bikarbono, 15 ml/1 žlico olja in vodo, dokler ne nastane pasta in z njo premažite rezine banane. Segrejte olje in banano zlato rjavo popecite, odcedite in razporedite po segretem servirnem krožniku. Medtem v vreli slani vodi skuhamo brokoli, da se zmehča in ga odcedimo. Segrejte preostalo olje s sezamovim oljem in na kratko popecite brokoli, nato pa ga razporedite po krožniku z bananami. V ponev dodamo čilijevo omako, vinski kis in paradižnikovo mezgo ter popražimo pokrovače, dokler niso kuhane. Položite na servirni krožnik in takoj postrezite.

Pokrovače z ingverjem

Za 4 porcije

45 ml / 3 žlice arašidovega olja (arašidov)

2,5 ml/¬Ω čajna žlička soli

3 rezine ingverjeve korenine, sesekljane

2 mladi čebuli (glava čebula), debelo narezani

450 g / 1 lb oluščenih pokrovač, prepolovljenih

15 ml / 1 žlica koruzne moke (koruznega škroba)

60 ml / 4 žlice vode

Segrejte olje in pražite sol in ingver 30 sekund. Dodamo drobnjak in pražimo, da rahlo porjavi. Dodamo pokrovače in pražimo 3 minute. Zmešajte koruzni zdrob in vodo, dokler ne nastane pasta, dodajte v ponev in med mešanjem kuhajte, dokler se ne zgosti. Postrezite takoj.

Pokrovače s šunko

Za 4 porcije

450 g / 1 lb oluščenih pokrovač, prepolovljenih

250 ml / 8 fl oz / 1 skodelica riževega vina ali suhega šerija

1 čebula, drobno sesekljana

2 rezini ingverjeve korenine, sesekljane

2,5 ml/¬Ω čajna žlička soli

100 g / 4 oz prekajene šunke, sesekljane

Pokrovače dajte v skledo in dodajte vino ali šeri. Pokrijte in marinirajte 30 minut, občasno obrnite, nato pokrovače odcedite in zavrzite marinado. Pokrovače položimo v pekač z ostalimi sestavinami. Posodo postavite na rešetko v soparniku, pokrijte in kuhajte v vreli vodi približno 6 minut, dokler se pokrovače ne zmehčajo.

Scalop Scramble z zelišči

Za 4 porcije

225 g oluščenih pokrovač

30 ml / 2 žlici sesekljanega svežega koriandra

4 stepena jajca

15 ml / 1 žlica riževega vina ali suhega šerija

sol in sveže mlet poper

15 ml / 1 žlica arašidovega olja

Pokrovače postavite v soparnik in kuhajte na pari približno 3 minute, dokler niso ravno kuhane, odvisno od velikosti. Odstranite s pare in potresite s cilantrom. Jajca stepemo z vinom ali šerijem in po okusu začinimo s soljo in poprom. Dodajte pokrovače in koriander. Segrejte olje in na njem med stalnim mešanjem pražite mešanico jajc in pokrovač, dokler se jajca ne strdijo. Postrezite takoj.

Prepražimo pokrovače in čebulo

Za 4 porcije

45 ml / 3 žlice arašidovega olja (arašidov)

1 čebula, narezana

450 g/1 lb oluščenih pokrovač, na četrtine

sol in sveže mlet poper

15 ml / 1 žlica riževega vina ali suhega šerija

Segrejemo olje in pražimo čebulo, da oveni. Dodamo pokrovače in pražimo, da rahlo porjavijo. Začinite s soljo in poprom, poškropite z vinom ali šerijem in takoj postrezite.

Pokrovače z zelenjavo

Služi za 4–6

4 kitajske suhe gobe

2 čebuli

30 ml / 2 žlici arašidovega olja (arašidov)

3 stebla zelene, diagonalno narezana

225 g zelenega fižola, diagonalno narezanega

10 ml / 2 žlički naribane korenine ingverja

1 strok česna, zdrobljen

20 ml / 4 žličke koruzne moke (koruznega škroba)

250 ml / 8 fl oz / 1 skodelica piščančje juhe

30 ml / 2 žlici riževega vina ali suhega šerija

30 ml / 2 žlici sojine omake

450 g/1 lb oluščenih pokrovač, na četrtine

6 mladih čebulic (glave čebule), narezanih na rezine

425 g / 15 oz konzerviranih koruznih storžev

Gobe za 30 minut namočimo v topli vodi in odcedimo. Zavrzite peclje in odrežite vrhove. Čebulo narežemo na kolesca in ločimo plasti. Segrejte olje in na njem 3 minute pražite čebulo, zeleno, fižol, ingver in česen. Vmešajte koruzno moko z nekaj juhe, nato vmešajte preostalo juho, vino ali šeri in sojino omako. Dodajte v vok in med mešanjem zavrite. Dodajte gobe, pokrovače, mlado čebulo in koruzo ter pražite približno 5 minut, dokler se pokrovače ne zmehčajo.

Pokrovače s papriko

Za 4 porcije

30 ml / 2 žlici arašidovega olja (arašidov)

3 mlade čebule (glava čebula), sesekljane

1 strok česna, zdrobljen

2 rezini ingverjeve korenine, sesekljane

2 rdeči papriki, narezani na kocke

450 g/1 lb oluščenih pokrovač

30 ml / 2 žlici riževega vina ali suhega šerija

15 ml / 1 žlica sojine omake

15 ml / 1 žlica omake iz rumenega fižola

5 ml/1 žlička sladkorja

5 ml/1 žlička sezamovega olja

Segrejte olje in na njem 30 sekund dušite šalotko, česen in ingver. Dodamo papriko in pražimo 1 minuto. Dodajte pokrovače in jih pražite 30 sekund, nato dodajte preostale sestavine in kuhajte približno 3 minute, dokler se pokrovače ne zmehčajo.

Lignji s fižolovimi kalčki

Za 4 porcije

450 g/1 funt lignjev

30 ml / 2 žlici arašidovega olja (arašidov)

15 ml / 1 žlica riževega vina ali suhega šerija

100 g / 4 oz fižolovih kalčkov

15 ml / 1 žlica sojine omake

sol

1 rdeča paprika, naribana

2 rezini naribane korenine ingverja

2 mladi čebuli (glava čebula), naribani

Lignjem odstranimo glavo, drobovje in membrano ter jih narežemo na večje kose. Na vsakem kosu izrežite križni vzorec. Zavremo posodo z vodo, dodamo lignje in kuhamo, da se kosi zvijejo, odstranimo in odcedimo. Polovico oljčnega olja segrejemo in na njem na hitro podušimo lignje. Zalijemo z vinom ali šerijem. Medtem segrejemo preostalo olje in prepražimo fižolove kalčke do mehkega. Začinimo s sojino omako in soljo. Po servirnem krožniku razporedite čili papriko, ingver in mlado čebulo. Na sredino položite fižolove kalčke in na vrh položite lignje. Postrezite takoj.

ocvrti lignji

Za 4 porcije

50 g / 2 oz navadne moke (univerzalna)

25 g/1 oz/¬° skodelice koruznega zdroba (koruznega škroba)

2,5 ml/¬Ω žličke pecilnega praška

2,5 ml/¬Ω čajna žlička soli

1 jajce

75 ml / 5 žlic vode

15 ml / 1 žlica arašidovega olja

450 g/1 funt lignjev, narezanih na kolobarje

olje za cvrtje

Moko, koruzni zdrob, kvas, sol, jajce, vodo in olje stepemo v testo. Lignje potopite v testo, dokler niso dobro prevlečeni. Olje segrejemo in lignje po nekaj kosov zlato rjavo ocvremo. Pred serviranjem odcedimo na kuhinjskem papirju.

paketi lignjev

Za 4 porcije

8 kitajskih suhih gob

450 g/1 funt lignjev

100 g/4 oz prekajene šunke

100 g/4 oz tofuja

1 jajce, pretepeno

15 ml / 1 žlica navadne moke (univerzalne)

2,5 ml/¬Ω čajna žlička sladkorja

2,5 ml/¬Ω žličke sezamovega olja

sol in sveže mlet poper

8 preoblek wonton

olje za cvrtje

Gobe za 30 minut namočimo v topli vodi in odcedimo. Zavrzite peclje. Lignje obrežemo in narežemo na 8 kosov. Šunko in tofu narežemo na 8 kosov. Vse skupaj dajte v skledo. Jajce zmešamo z moko, sladkorjem, sezamovim oljem, soljo in poprom. Prelijemo čez sestavine v skledi in nežno premešamo. Razporedite gobovo kapico in kos lignjev, šunke in tofuja tik pod sredino vsake wonton kože. Prepognite spodnji vogal, prepognite stranice in zvijte, robove pa navlažite z vodo, da se zaprejo. Segrejte olje in pecite rezine približno 8 minut do zlato rjave barve. Pred serviranjem dobro odcedimo.

Ocvrti lignji zvitki

Za 4 porcije

45 ml / 3 žlice arašidovega olja (arašidov)

225 g / 8 oz kolobarjev lignjev

1 velika zelena paprika, narezana na koščke

100 g / 4 oz bambusovih poganjkov, narezanih

2 mladi čebuli (glava čebula), drobno sesekljani

1 rezina ingverjeve korenine, drobno sesekljane

45 ml / 2 žlici sojine omake

30 ml / 2 žlici riževega vina ali suhega šerija

15 ml / 1 žlica koruzne moke (koruznega škroba)

15 ml / 1 žlica ribje osnove ali vode

5 ml/1 žlička sladkorja

5 ml/1 žlička vinskega kisa

5 ml/1 žlička sezamovega olja

sol in sveže mlet poper

Segrejte 15 ml / 1 žlico olja in na hitro popecite kolobarje lignjev, da se zapečejo. Medtem v ločeni ponvi segrejemo preostalo olje in na njem 2 minuti pražimo čili, bambusove poganjke, mlado čebulo in ingver. Dodamo lignje in jih pražimo 1 minuto. Vmešajte sojino omako, vino ali šeri, koruzno moko, juho, sladkor, vinski kis in sezamovo olje ter začinite s soljo in poprom. Pražimo toliko časa, da se omaka zbistri in zgosti.

dušeni lignji

Za 4 porcije

45 ml / 3 žlice arašidovega olja (arašidov)

3 mlade čebule (glava čebula), narezane na debelo

2 rezini ingverjeve korenine, sesekljane

450 g/1 funt lignjev, narezanih na koščke

15 ml / 1 žlica sojine omake

15 ml / 1 žlica riževega vina ali suhega šerija

5 ml / 1 žlička koruzne moke (koruznega škroba)

15 ml / 1 žlica vode

Segrejte olje in popecite mlado čebulo in ingver do mehkega. Dodamo lignje in jih pražimo, dokler niso prekriti z oljem. Dodajte sojino omako in vino ali šeri, pokrijte in kuhajte 2 minuti. Zmešajte koruzni zdrob in vodo, dokler ne nastane pasta, dodajte v ponev in med mešanjem kuhajte, dokler se omaka ne zgosti in lignji niso mehki.

Lignji s suhimi gobami

Za 4 porcije

50 g/2 oz posušenih kitajskih gob

450 g / 1 lb kolobarjev lignjev

45 ml / 3 žlice arašidovega olja (arašidov)

45 ml / 3 žlice sojine omake

2 mladi čebuli (glava čebula), drobno sesekljani

1 rezina ingverjeve korenine, mleto

225 g / 8 oz bambusovih poganjkov, narezanih na trakove

30 ml / 2 žlici koruzne moke (koruzni škrob)

150 ml/¬° pt/velika ¬Ω skodelica ribje juhe

Gobe za 30 minut namočimo v topli vodi in odcedimo. Zavrzite peclje in odrežite vrhove. Kolobarje lignjev za nekaj sekund blanširamo v vreli vodi. Segrejte olje, dodajte gobe, sojino omako, mlado čebulo in ingver ter pražite 2 minuti. Dodamo lignje in bambusove poganjke ter pražimo 2 minuti. Zmešajte koruzni zdrob in osnovo ter premešajte v ponvi. Med mešanjem kuhajte, dokler se omaka ne zbistri in zgosti.

lignji z zelenjavo

Za 4 porcije

45 ml / 3 žlice arašidovega olja (arašidov)

1 čebula, narezana

5 ml/1 žlička soli

450 g/1 funt lignjev, narezanih na koščke

100 g / 4 oz bambusovih poganjkov, narezanih

2 stebli zelene, diagonalno narezani

60 ml / 4 žlice piščančje juhe

5 ml/1 žlička sladkorja

100 g / 4 oz mangetout (grah)

5 ml / 1 žlička koruzne moke (koruznega škroba)

15 ml / 1 žlica vode

Segrejte olje in na njem prepražite čebulo in sol, da rahlo zlato porumeni. Dodamo lignje in pražimo toliko časa, da jih pokrije olje. Dodamo bambusove poganjke in zeleno ter pražimo 3 minute. Dodamo juho in sladkor, zavremo, pokrijemo in kuhamo 3 minute, dokler se zelenjava ne zmehča. Mešajte managementout. Zmešajte koruzni zdrob in vodo, dokler ne nastane pasta, vmešajte v ponev in med mešanjem kuhajte, dokler se omaka ne zgosti.

Dušen janežev zrezek

Za 4 porcije

30 ml / 2 žlici arašidovega olja (arašidov)

450 g/1 funt zrezka

1 strok česna, zdrobljen

45 ml / 3 žlice sojine omake

15 ml / 1 žlica vode

15 ml / 1 žlica riževega vina ali suhega šerija

5 ml/1 žlička soli

5 ml/1 žlička sladkorja

2 stroka zvezdastega janeža

Segrejte olje in na njem popecite meso z vseh strani, da porjavi. Dodamo preostale sestavine, zavremo, pokrijemo in rahlo kuhamo približno 45 minut, nato meso obrnemo, dodamo še malo vode in sojine omake, če se meso izsuši. Kuhamo še 45 minut, da se meso zmehča. Pred serviranjem zvezdasti janež zavrzite.

Govedina s šparglji

Za 4 porcije

450 g/1 lb zadka, narezanega na kocke

30 ml / 2 žlici sojine omake

30 ml / 2 žlici riževega vina ali suhega šerija

45 ml / 3 žlice koruzne moke (koruzni škrob)

45 ml / 3 žlice arašidovega olja (arašidov)

5 ml/1 žlička soli

1 strok česna, zdrobljen

350 g / 12 oz špargljevih vršičkov

120 ml/4 fl oz/¬Ω skodelice piščančje juhe

15 ml / 1 žlica sojine omake

Zrezek položimo v skledo. Zmešajte sojino omako, vino ali šeri in 30 ml/2 žlici koruzne moke, prelijte zrezek in dobro premešajte. Pustite, da se marinira 30 minut. Segrejemo olje s soljo in česnom ter pražimo toliko časa, da česen rahlo porjavi. Dodajte meso in marinado ter pražite 4 minute. Dodamo šparglje in jih rahlo pražimo 2 minuti. Dodajte juho in sojino omako, zavrite in med mešanjem kuhajte 3 minute, dokler ni meso kuhano. Preostalo koruzno moko zmešamo z malo več vode ali juhe in vmešamo v omako. Med mešanjem kuhajte nekaj minut, dokler se omaka ne posvetli in zgosti.

Meso z bambusovimi poganjki

Za 4 porcije

45 ml / 3 žlice arašidovega olja (arašidov)

1 strok česna, zdrobljen

1 šalotka (popečasta čebula), sesekljana

1 rezina ingverjeve korenine, mleto

225 g / 8 oz puste govedine, narezane na trakove

100 g bambusovih poganjkov

45 ml / 3 žlice sojine omake

15 ml / 1 žlica riževega vina ali suhega šerija

5 ml / 1 žlička koruzne moke (koruznega škroba)

Segrejte olje in na njem prepražite česen, šalotko in ingver, da rahlo zlato zarumenijo. Dodamo meso in pražimo 4 minute, da rahlo porjavi. Dodamo bambusove poganjke in pražimo 3 minute. Dodajte sojino omako, vino ali šeri in koruzni zdrob ter pražite 4 minute.

Meso z bambusovimi poganjki in gobami

Za 4 porcije

225 g / 8 oz puste govedine

45 ml / 3 žlice arašidovega olja (arašidov)

1 rezina ingverjeve korenine, mleto

100 g / 4 oz bambusovih poganjkov, narezanih

100 g/4 oz narezanih gob

45 ml / 3 žlice riževega vina ali suhega šerija

5 ml/1 žlička sladkorja

10 ml/2 žlički sojine omake

sol in poper

120 ml/4 fl oz/¬Ω skodelice goveje juhe

15 ml / 1 žlica koruzne moke (koruznega škroba)

30 ml / 2 žlici vode

Meso narežemo na tanke rezine proti zrnu. Segrejte olje in na njem nekaj sekund prepražite ingver. Dodamo meso in pražimo do zlato rjave barve. Dodamo bambusove poganjke in gobe ter pražimo 1 minuto. Dodajte vino ali šeri, sladkor in sojino omako ter začinite s soljo in poprom. Prilijemo juho, zavremo, pokrijemo in kuhamo 3 minute. Zmešajte koruzno moko in vodo, vmešajte v ponev in med mešanjem kuhajte, dokler se omaka ne zgosti.

Kitajska pečenka

Za 4 porcije

45 ml / 3 žlice arašidovega olja (arašidov)

900 g / 2 lb zrezka chuck

1 šalotka (česmota), narezana

1 strok česna, mlet

1 rezina ingverjeve korenine, mleto

60 ml / 4 žlice sojine omake

30 ml / 2 žlici riževega vina ali suhega šerija

5 ml/1 žlička sladkorja

5 ml/1 žlička soli

ščepec popra

750 ml/1¬° pts/3 skodelice vrele vode

Segrejemo olje in meso na hitro popečemo z vseh strani. Dodajte šalotko, česen, ingver, sojino omako, vino ali šeri, sladkor, sol in poper. Zavremo in mešamo. Prilijemo vrelo vodo, med mešanjem zavremo, nato pokrijemo in kuhamo približno 2 uri, dokler se meso ne zmehča.

Meso s fižolovimi kalčki

Za 4 porcije

450 g/1 lb pustega govejega mesa, narezanega

1 beljak

30 ml / 2 žlici arašidovega olja (arašidov)

15 ml / 1 žlica koruzne moke (koruznega škroba)

15 ml / 1 žlica sojine omake

100 g / 4 oz fižolovih kalčkov

25 g/1 oz kislega zelja, sesekljanega

1 rdeča paprika, naribana

2 mladi čebuli (glava čebula), naribani

2 rezini naribane korenine ingverja

sol

5 ml/1 žlička ostrigine omake

5 ml/1 žlička sezamovega olja

Meso zmešamo z beljakom, polovico olivnega olja, koruznim zdrobom in sojino omako ter pustimo počivati 30 minut. Fižolove kalčke blanširajte v vreli vodi približno 8 minut, dokler se skoraj ne zmehčajo, nato jih odcedite. Segrejte preostalo olje in na njem prepražite meso, da rahlo porjavi, nato pa ga odstranite iz ponve. Dodamo vloženo zelje, čili poper, ingver, sol, ostrigovo omako in sezamovo olje ter med mešanjem pražimo 2 minuti. Dodamo fižolove kalčke in pražimo 2 minuti. Meso vrnite v ponev in pražite, dokler se dobro ne premeša in segreje. Postrezite takoj.

Govedina z brokolijem

Za 4 porcije

450 g/1 lb zadka, na tanke rezine

30 ml / 2 žlici koruzne moke (koruzni škrob)

15 ml / 1 žlica riževega vina ali suhega šerija

15 ml / 1 žlica sojine omake

30 ml / 2 žlici arašidovega olja (arašidov)

5 ml/1 žlička soli

1 strok česna, zdrobljen

225 g cvetov brokolija

150 ml/¬° pt/velika ¬Ω skodelica goveje juhe

Zrezek položimo v skledo. Zmešajte 15 ml/1 čajno žličko koruzne moke z vinom ali šerijem in sojino omako, vmešajte v meso in marinirajte 30 minut. Segrejemo olje s soljo in česnom ter pražimo toliko časa, da česen rahlo porjavi. Dodamo zrezek in marinado ter pražimo 4 minute. Dodamo brokoli in pražimo 3 minute. Dodajte juho, zavrite, pokrijte in kuhajte 5 minut, dokler brokoli ni mehak, a še vedno hrustljav. Preostalo koruzno moko zmešamo z malo vode in vmešamo v omako. Med mešanjem kuhajte, dokler se omaka ne zbistri in zgosti.

Govedina s sezamom in brokolijem

Za 4 porcije

150 g / 5 oz puste govedine, narezane na tanke rezine

2,5 ml/¬Ω žličke ostrigine omake

5 ml / 1 žlička koruzne moke (koruznega škroba)

5 ml/1 čajna žlička belega vinskega kisa

60 ml / 4 žlice arašidovega olja (arašidov)

100 g cvetov brokolija

5 ml / 1 žlička ribje omake

2,5 ml/¬Ω žličke sojine omake

250 ml / 8 fl oz / 1 skodelica goveje juhe

30 ml / 2 žlici sezamovih semen

Meso 1 uro marinirajte z ostrigovo omako, 2,5 ml/¬Ω žličke koruzne moke, 2,5 ml/¬Ω žličke vinskega kisa in 15 ml/1 žlico olja.

Medtem segrejte 15 ml/1 žlico olja, dodajte brokoli, 2,5 ml/¬Ω žličke ribje omake, sojino omako in preostali vinski kis ter prelijte z vrelo vodo. Kuhajte približno 10 minut, dokler se ne zmehča.

V ločeni ponvi segrejte 30 ml/2 žlici olja in meso na kratko prepražite, da se zapeče. Dodamo juho, preostalo koruzno moko in ribjo omako, zavremo, pokrijemo in kuhamo približno 10 minut, da se meso zmehča. Brokoli odcedimo in razporedimo na segret servirni krožnik. Po vrhu položite meso in izdatno potresite s sezamovimi semeni.

Pečena govedina

Za 4 porcije

450 g/1 lb pustega govejega mesa, narezanega

60 ml / 4 žlice sojine omake

2 stroka česna, zdrobljena

5 ml/1 žlička soli

2,5 ml/¬Ω čajna žlička sveže mletega popra

10 ml / 2 žlički sladkorja

Zmešajte vse sestavine in pustite, da se marinirajo 3 ure. Na razgretem žaru pečemo na žaru ali žaru približno 5 minut na stran.

Kantonska govedina

Za 4 porcije

30 ml / 2 žlici koruzne moke (koruzni škrob)

2 beljaka, stepena

450 g/1 lb zrezka, narezanega na trakove

olje za cvrtje

4 stebla zelene, narezana

2 čebuli, narezani

60 ml / 4 žlice vode

20 ml / 4 čajne žličke soli

75 ml / 5 žlic sojine omake

60 ml / 4 žlice riževega vina ali suhega šerija

30 ml / 2 žlici sladkorja

sveže mlet poper

Polovico koruznega zdroba zmešamo z beljakovim snegom. Dodamo zrezek in premešamo, da obložimo meso v testu. Segrejemo olje in zrezek zlato rjavo popečemo. Odstranite iz ponve in odcedite na kuhinjskem papirju. Segrejte 15 ml/1 žlico olja in pražite zeleno in čebulo 3 minute. Dodajte meso, vodo, sol, sojino omako, vino ali sherry in sladkor ter začinite s poprom. Zavremo in med mešanjem kuhamo toliko časa, da se omaka zgosti.

Meso s korenjem

Za 4 porcije

30 ml / 2 žlici arašidovega olja (arašidov)

450 g/1 lb puste govedine, narezane na kocke

2 mladi čebuli (glava čebula), narezani na rezine

2 stroka česna, zdrobljena

1 rezina ingverjeve korenine, mleto

250 ml / 8 fl oz / 1 skodelica sojine omake

30 ml / 2 žlici riževega vina ali suhega šerija

30 ml / 2 žlici rjavega sladkorja

5 ml/1 žlička soli

600 ml/1 pt/2¬Ω skodelice vode

4 korenje prerezano diagonalno

Segrejte olje in na njem prepražite meso, da rahlo porjavi. Odlijemo odvečno olje in dodamo šalotko, česen, ingver in janež ter pražimo 2 minuti. Dodamo sojino omako, vino ali šeri, sladkor in sol ter dobro premešamo. Prilijemo vodo, zavremo, pokrijemo in kuhamo 1 uro. Dodamo korenje, pokrijemo in kuhamo še 30 minut. Odstranite pokrov in pustite kuhati, dokler se omaka ne reducira.

Govedina z indijskimi oreščki

Za 4 porcije

60 ml / 4 žlice arašidovega olja (arašidov)

450 g/1 lb zadka, na tanke rezine

8 mladih čebulic (glave čebule), narezanih na krhlje

2 stroka česna, zdrobljena

1 rezina ingverjeve korenine, mleto

75 g/3 oz/¬æ skodelice praženih indijskih oreščkov

120 ml/4 fl oz/¬Ω skodelice vode

20 ml / 4 žličke koruzne moke (koruznega škroba)

20 ml/4 žličke sojine omake

5 ml/1 žlička sezamovega olja

5 ml/1 žlička ostrigine omake

5 ml / 1 žlička čilijeve omake

Segrejte polovico olja in prepražite meso, da rahlo porjavi. Odstranite iz pekača. Segrejte preostalo olje in na njem 1 minuto pražite šalotko, česen, ingver in indijske oreščke. Meso vrnemo v ponev. Združite preostale sestavine in mešanico vmešajte v ponev. Zavremo in med mešanjem kuhamo toliko časa, da se zmes zgosti.

počasna mesna enolončnica

Za 4 porcije

30 ml / 2 žlici arašidovega olja (arašidov)

450 g/1 lb dušene govedine, narezane na kocke

3 rezine ingverjeve korenine, sesekljane

3 korenčki, narezani

1 repa, narezana na kocke

15 ml/1 žlica črnih datljev brez koščic

15 ml/1 žlica lotosovih semen

30 ml / 2 žlici paradižnikove mezge (pasta)

10 ml / 2 žlici soli

900 ml/1¬Ω točke/3¬œ skodelice goveje juhe

250 ml / 8 fl oz / 1 skodelica riževega vina ali suhega šerija

V veliki ognjevarni posodi ali ponvi segrejte olje in popečete meso z vseh strani, da se zapeče.

Meso s cvetačo

Za 4 porcije

225 g cvetov cvetače

olje za cvrtje

225 g govejega mesa, narezanega na trakove

50 g / 2 oz bambusovih poganjkov, narezanih na trakove

10 vodnih kostanjev, narezanih na trakove

120 ml/4 fl oz/¬Ω skodelice piščančje juhe

15 ml / 1 žlica sojine omake

15 ml / 1 žlica ostrigine omake

15 ml / 1 žlica paradižnikove mezge (pasta)

15 ml / 1 žlica koruzne moke (koruznega škroba)

2,5 ml/¬Ω žličke sezamovega olja

Cvetačo kuhamo 2 minuti v vreli vodi in odcedimo. Segrejte olje in prepražite cvetačo, da rahlo porjavi. Odstranite in odcedite na kuhinjskem papirju. Ponovno segrejte olje in na njem popecite meso, da rahlo porjavi, odstranite in odcedite. Prilijemo vse razen 15 ml/1 žlico olja in pražimo bambusove poganjke in vodne kostanje 2 minuti. Dodamo preostale sestavine, zavremo in med mešanjem kuhamo toliko časa, da se omaka zgosti. Vrnite govedino in cvetačo v lonec in rahlo segrejte. Postrezite takoj.

Govedina z zeleno

Za 4 porcije

100 g zelene, narezane na trakove

45 ml / 3 žlice arašidovega olja (arašidov)

2 mladi čebuli (glava čebula), sesekljani

1 rezina ingverjeve korenine, mleto

225 g / 8 oz puste govedine, narezane na trakove

30 ml / 2 žlici sojine omake

30 ml / 2 žlici riževega vina ali suhega šerija

2,5 ml/¬Ω čajna žlička sladkorja

2,5 ml/¬Ω čajna žlička soli

Zeleno blanširajte v vreli vodi 1 minuto in dobro odcedite. Segrejte olje in na njem prepražite čebulo in ingver, da rahlo zlato zarumenita. Dodamo meso in pražimo 4 minute. Dodamo zeleno in pražimo 2 minuti. Dodajte sojino omako, vino ali šeri, sladkor in sol ter pražite 3 minute.

Ocvrt mesni čips z zeleno

Za 4 porcije

30 ml / 2 žlici arašidovega olja (arašidov)

450 g/1 lb pustega govejega mesa, narezanega

3 stebla zelene, sesekljana

1 čebula, naribana

1 šalotka (česmota), narezana

1 rezina ingverjeve korenine, mleto

30 ml / 2 žlici sojine omake

15 ml / 1 žlica riževega vina ali suhega šerija

2,5 ml/¬Ω čajna žlička sladkorja

2,5 ml/¬Ω čajna žlička soli

10 ml / 2 žlički koruzne moke (koruznega škroba)

30 ml / 2 žlici vode

Segrejte polovico olja, da se zelo segreje, in pražite meso 1 minuto, da zlato rjavo zapeče. Odstranite iz pekača. Segrejte preostalo olje in prepražite zeleno, čebulo, čebulo in ingver, da se rahlo zmehčajo. V ponev vrnite meso s sojino omako, vinom ali šerijem, sladkorjem in soljo, zavrite in pražite, da se segreje. Zmešajte koruzno moko in vodo, vmešajte v ponev in kuhajte, dokler se omaka ne zgosti. Postrezite takoj.

Naribana govedina s piščancem in zeleno

Za 4 porcije

4 kitajske suhe gobe

45 ml / 3 žlice arašidovega olja (arašidov)

2 stroka česna, zdrobljena

1 narezana ingverjeva korenina, mleto

5 ml/1 žlička soli

100 g puste govedine, narezane na trakove

100 g/4 oz piščanca, narezanega na trakove

2 korenčka, narezana na trakove

2 stebli zelene, narezani na trakove

4 mlade čebule (glava čebula), narezane na trakove

5 ml/1 žlička sladkorja

5 ml/1 žlička sojine omake

5 ml/1 čajna žlička riževega vina ali suhega šerija

45 ml / 3 žlice vode

5 ml / 1 žlička koruzne moke (koruznega škroba)

Gobe za 30 minut namočimo v topli vodi in odcedimo. Odvrzite peclje in sesekljajte vršičke. Segrejte olje in na njem prepražite česen, ingver in sol, da rahlo zlato porumenijo. Dodamo meso in piščanca ter pražimo, dokler ne začnejo rjaveti. Dodajte zeleno, šalotko, sladkor, sojino omako, vino ali šeri in vodo ter zavrite. Pokrijte in kuhajte približno 15 minut, dokler se meso ne zmehča. Koruzno moko zmešamo z malo vode, vmešamo v omako in med mešanjem kuhamo toliko časa, da se omaka zgosti.

goveji čili

Za 4 porcije

450 g zadka, narezanega na trakove

45 ml / 3 žlice sojine omake

15 ml / 1 žlica riževega vina ali suhega šerija

15 ml / 1 žlica rjavega sladkorja

15 ml / 1 žlica drobno sesekljane korenine ingverja

30 ml / 2 žlici arašidovega olja (arašidov)

50 g / 2 oz bambusovih poganjkov, narezanih na vžigalice

1 čebula, narezana na trakove

1 steblo zelene, narezano na vžigalice

2 rdeči papriki, brez semen in narezani na trakove

120 ml/4 fl oz/¬Ω skodelice piščančje juhe

15 ml / 1 žlica koruzne moke (koruznega škroba)

Zrezek položimo v skledo. Zmešajte sojino omako, vino ali šeri, sladkor in ingver ter vmešajte v zrezek. Pustite, da se marinira 1 uro. Odstranite zrezek iz marinade. Segrejte polovico olja in pražite bambusove poganjke, čebulo, zeleno in poper 3 minute, nato jih odstranite iz ponve. Segrejemo preostalo olje in zrezek pražimo 3 minute. Prilijemo marinado, zavremo in dodamo popraženo zelenjavo. Med mešanjem kuhajte 2 minuti. Vmešajte juho in koruzni zdrob ter dodajte v ponev. Zavremo in med mešanjem kuhamo toliko časa, da se omaka zbistri in zgosti.

Govedina s kitajskim zeljem

Za 4 porcije

225 g / 8 oz puste govedine

30 ml / 2 žlici arašidovega olja (arašidov)

350 g / 12 oz kitajskega zelja, sesekljanega

120 ml/4 fl oz/¬Ω skodelice goveje juhe

sol in sveže mlet poper

10 ml / 2 žlički koruzne moke (koruznega škroba)

30 ml / 2 žlici vode

Meso narežemo na tanke rezine proti zrnu. Segrejemo olje in na njem zlato rjavo prepražimo meso. Dodamo kitajsko zelje in pražimo, da se malo zmehča. Prilijemo juho, zavremo in začinimo s soljo in poprom. Pokrijte in kuhajte 4 minute, dokler se meso ne zmehča. Zmešajte koruzno moko in vodo, vmešajte v ponev in med mešanjem kuhajte, dokler se omaka ne zgosti.

goveji kotlet suey

Za 4 porcije

3 narezana stebla zelene

100 g / 4 oz fižolovih kalčkov

100 g cvetov brokolija

60 ml / 4 žlice arašidovega olja (arašidov)

3 mlade čebule (glava čebula), sesekljane

2 stroka česna, zdrobljena

1 rezina ingverjeve korenine, mleto

225 g / 8 oz puste govedine, narezane na trakove

45 ml / 3 žlice sojine omake

15 ml / 1 žlica riževega vina ali suhega šerija

5 ml/1 žlička soli

2,5 ml/¬Ω čajna žlička sladkorja

sveže mlet poper

15 ml / 1 žlica koruzne moke (koruznega škroba)

Zeleno, fižolove kalčke in brokoli blanširajte v vreli vodi 2 minuti, odcedite in posušite. Segrejte 45 ml / 3 žlice olja in prepražite šalotko, česen in ingver, da rahlo zlato porumenijo. Dodamo meso in pražimo 4 minute. Odstranite iz pekača. Segrejte preostalo olje in pražite zelenjavo 3 minute. Dodajte meso, sojino omako, vino ali šeri, sol, sladkor in ščepec popra ter pražite 2 minuti. Koruzno moko zmešamo z malo vode, stresemo v ponev in med mešanjem kuhamo toliko časa, da se omaka zbistri in zgosti.

meso s kumaro

Za 4 porcije

450 g/1 lb zadka, na tanke rezine

45 ml / 3 žlice sojine omake

30 ml / 2 žlici koruzne moke (koruzni škrob)

60 ml / 4 žlice arašidovega olja (arašidov)

2 kumari, olupljeni, brez semen in narezani

60 ml / 4 žlice piščančje juhe

30 ml / 2 žlici riževega vina ali suhega šerija

sol in sveže mlet poper

Zrezek položimo v skledo. Zmešajte sojino omako in koruzni zdrob ter vmešajte v zrezek. Pustite, da se marinira 30 minut. Segrejte polovico olja in pražite kumare 3 minute, da postanejo prozorne, nato pa jih odstranite iz ponve. Segrejte preostalo olje in zrezek zlato rjavo popecite. Dodamo kumare in pražimo 2 minuti. Dodajte juho, vino ali šeri ter začinite s soljo in poprom. Zavremo, pokrijemo in kuhamo 3 minute.

goveja hrana mein

Za 4 porcije

750 g / 1 ¬Ω lb ramsteka

2 čebuli

45 ml / 3 žlice sojine omake

45 ml / 3 žlice riževega vina ali suhega šerija

15 ml / 1 žlica arašidovega masla

5 ml / 1 žlička limoninega soka

350 g / 12 oz jajčnih rezancev

60 ml / 4 žlice arašidovega olja (arašidov)

175 ml / 6 fl oz / ¬æ skodelice piščančje juhe

15 ml / 1 žlica koruzne moke (koruznega škroba)

30 ml / 2 žlici ostrigine omake

4 mlade čebule (glava čebula), sesekljane

3 narezana stebla zelene

100 g/4 oz narezanih gob

1 zelena paprika, narezana na trakove

100 g / 4 oz fižolovih kalčkov

Odstranite in zavrzite maščobo iz mesa. Žito narežemo na tanke rezine. Čebulo narežemo na kolesca in ločimo plasti. Zmešajte 15 ml / 1 žlico sojine omake s 15 ml / 1 žlico vina ali sherryja, arašidovim maslom in limoninim sokom. Dodamo meso, pokrijemo in pustimo stati 1 uro. Rezance kuhajte v vreli vodi približno 5 minut oziroma dokler niso mehki. Dobro posušite. Segrejte 15 ml/1 žlico olja, dodajte 15 ml/1 žlico sojine omake in rezance ter med mešanjem pražite 2 minuti, da rahlo porjavijo. Prestavite na segret servirni krožnik.

Preostalo sojino omako in vino ali šeri zmešajte z juho, koruzno moko in ostrigovo omako. Segrejte 15 ml/1 žlico olja in pražite čebulo 1 minuto. Dodamo zeleno, gobe, poper in fižolove kalčke ter pražimo 2 minuti. Odstranite iz voka. Segrejte preostalo olje in prepražite meso do zlato rjave barve. Dodajte mešanico juhe, zavrite, pokrijte in pustite vreti 3 minute. Vrnite zelenjavo v vok in jo med mešanjem kuhajte približno 4 minute, dokler ni vroča. Mešanico prelijemo čez rezance in postrežemo.

kumarični zrezek

Za 4 porcije

450 g/1 funt ramsteka

10 ml / 2 žlički koruzne moke (koruznega škroba)

10 ml / 2 žlički soli

2,5 ml/¬Ω čajna žlička sveže mletega popra

90 ml / 6 žlic arašidovega olja

1 čebula, drobno sesekljana

1 olupljena in narezana kumara

120 ml/4 fl oz/¬Ω skodelice goveje juhe

Zrezek narežemo na trakove in nato na tanke rezine proti vlakni. Damo v skledo in zmešamo koruzni zdrob, sol, poper in polovico oljčnega olja. Pustite, da se marinira 30 minut. Segrejte preostalo olje in prepražite meso in čebulo, da rahlo porjavi. Dodamo kumare in juho, zavremo, pokrijemo in kuhamo 5 minut.

pečen goveji curry

Za 4 porcije

45 ml / 3 žlice masla

15 ml/1 žlica karija v prahu

45 ml / 3 žlice navadne moke (univerzalne)

375 ml / 13 fl oz / 1¬Ω skodelice mleka

15 ml / 1 žlica sojine omake

sol in sveže mlet poper

450 g/1 lb kuhane govedine, mlete

100 g graha

2 korenčka, sesekljana

2 čebuli, sesekljani

225 g kuhanega dolgozrnatega riža, toplega

1 mehko kuhano jajce (trdo kuhano), narezano

Razpustimo maslo, vmešamo kari in moko ter kuhamo 1 minuto. Dodajte mleko in sojino omako, zavrite in med mešanjem kuhajte 2 minuti. Začinimo s soljo in poprom. Dodamo meso, grah, korenje in čebulo ter dobro premešamo, da se prelije z omako. Vmešajte riž in zmes preložite v neprepustno posodo ter pecite v predhodno ogreti pečici na 200¬∞C/400¬∞F/plin 6 20 minut, dokler se zelenjava ne zmehča. Postrezite okrašeno z rezinami kuhanega jajca.

CPSIA information can be obtained
at www.ICGtesting.com
Printed in the USA
LVHW040244020323
740706LV00017B/1522

9 781783 810758